"记联"与
左翼新闻运动

宋斌 著

中共上海市委党史研究室 编

上海人民出版社

前　　言

　　20世纪30年代以上海为中心蓬勃兴起的左翼文化运动,至今我们依然可以感受到它的巨大影响。这场文化运动声势浩大,以鲁迅为代表的左翼文化工作者,在文学、戏剧、电影、美术、音乐、出版、哲学社科理论等各个方面,均取得丰硕成果,不仅有力地回击了国民党文化"围剿",而且是中国共产党开始有组织、有纲领地领导文化思想战线斗争的一个标志,书写了中国共产党领导文化工作的辉煌一页。

　　中国共产党加强对文化工作的领导,既顺应了世界无产阶级左翼文化运动的时代潮流,也是出于团结广大左翼文化人、加强宣传工作的自身组织需求。这场运动涉及文化领域的方方面面,影响辐射于全国,以至海外。它以反帝反封建为主旨,主要秉承现实主义的文艺精神,反映底层民众的疾苦,传递社会呼唤公平正义之声,为兴盛于当时中国的社会主义思潮推波助澜,极大地推进了先进文化的大众化传播。就组织效果而言,左翼文化运动的成功发动与迅猛推进,有力地抨击了国民党的黑暗政治,使处于白色恐怖统治下的广大民众看到光明。

　　用政治学理论加以阐释,中国共产党领导的左翼文化运动对国民党文化统制的冲决,关涉到文化话语权与文化领导权的争夺,关系到国家民族的未来。如果着眼于统一战线的视角,这段历史还是年轻的中国共产党在文化领域实施统一战线的有效尝试。尽管受到从冒险主义到教条主义的两次"左"倾错误的干扰,党的文化工作者还是努力结合实际,特别是在获悉《八一宣言》精神后,迅速着手建立文化界的广泛的抗日统一战线,在这整个过程中所取得的成绩尤为难能可贵。

　　以左联成立为发轫的左翼文学运动,使大革命时期萌发的革命文学更进一步;更为重要的是,它代表着先进文化的前进方向,引领了中国新文化运动发展之路。正如左翼文化运动旗手鲁迅所指出的那样,"现在,在中国,无产阶级的革命的文艺运动,其实就是惟一的文艺运动。"(《黑暗中国的文艺界的现状》)毛泽东在《新民主主义论》中也高度评价:"由于中国政治生力军即中国无产阶级和中国共产党登上了中国的政治舞台",在文学、戏剧、电影、音乐、绘画以至雕刻等方面,"都有了极大的发展"。

左翼文化运动在文艺方面的突破,不仅体现在现实主义的内容拓展,更在于形式方面的积极探索。同时期,左翼文化人士对马克思主义经典著作与先进文艺作品进行了大量翻译,开展了中国社会性质问题的论战,不但加强了自身的理论建设,在社科领域激浊扬清,而且大大拓展了同国外左翼文化界的交流。此外,左翼文化运动还涉及语言学界、新闻出版界、教育界等诸多文化领域。左翼文化运动呈现出立体多面的气象,且取得丰硕的成果,令人称叹不已。

左翼文化运动在文化领域开辟了一个新的时代,给后人留下诸多启示。这其中,党如何成功地领导文化工作,特别值得我们汲取历史经验。为了加强对文化工作的领导,中共中央宣传部于1929年10月成立了中央文化工作委员会,翌年10月成立的中国左翼文化界总同盟(文总),又成为党领导左翼文化团体的有力抓手。而在左翼文化运动的具体展开过程中,先后成立的中国左翼作家联盟(左联)、中国社会科学家联盟(社联)、中国左翼美术家联盟(美联)、中国左翼戏剧家联盟(剧联)、中国左翼世界语联盟(语联)、中国左翼新闻记者联盟(记联)、左翼教育工作者联盟(教联)、电影小组、音乐小组等社团,以及活跃其中的党团组织,更是不啻为左翼文化运动的前沿战斗核心,其间蕴藏着政治智慧与精神力量。

为了深化中国共产党领导开展左翼文化运动的历史研究,进一步提炼党史国史的历史智慧,藉以资政育人、服务当代,中共上海市委党史研究室联手上海鲁迅纪念馆,组织开展了"上海左翼文化研究课题"的研究工作。从2014年至2016年先后出版了《"电影小组"与左翼电影运动》《"剧联"与左翼戏剧运动》《"左联"与左翼文学运动》《"美联"与左翼美术运动》《"文总"与左翼文化运动》。2021年出版了《"音乐小组"与左翼音乐运动》。近年,中共上海市委党史研究室又着力推进教联、记联、社联等各专题的研究工作。

　　"上海左翼文化研究课题"研究实现了党史职能部门与社会科研力量的整合，课题子项设置侧重分论各"联"与相关左翼文化运动的历史关联。如此课题设计，在有利于发挥相关研究者的学科专长，推进左翼文化的各个领域研究的同时，不免存在着切割历史的缺憾，而事实上，跨界发展在左翼文化人那里并非个案，各"联"的互动也值得进行历史钩沉。尽管存有不足之处，该课题对于深化各"联"的研究，仍具有相当的意义；系列成果的陆续推出，对于推进上海左翼文化研究当不无裨益。希望更多的有识之士向这段历史投以深邃的目光，我们热忱期待。

"上海左翼文化研究"丛书编委会

目　录
Contents

绪　论

Introduction

中国共产党成立伊始就清楚地认识到，创造和传播先进文化是党的重要历史责任。20 世纪二三十年代以上海为中心的左翼文化运动，就是中国共产党引领先进文化发展的一次重大实践，极大地推动了马克思主义中国化和中国文化现代化进程。1927 年大革命失败后，中国共产党一方面用枪杆子奋起抗争，发动各地武装起义，建立苏区革命根据地；另一方面在国民党统治区拿起文化武器，用左翼进步文化猛烈批判国民党的腐朽统治。1929 年 6 月，党的六届二中全会决定成立中央文化工作委员会（"文委"），负责指导"全国高级的社会科学团体、杂志及编辑公开发行的各种刊物和书籍"[1]。

---

[1]　中共上海市委党史资料征集委员会、中共上海市委党史研究室、中共上海市委宣传部党史资料征集委员会合编：《上海革命文化大事记(1919—1937)》，上海书店出版社 1995 年版，第 230—231 页。

随后，在"文委"的指导和推动下，中国左翼作家联盟（"左联"）、中国社会科学家联盟（"社联"）、中国左翼美术家联盟（"美联"）、中国左翼戏剧家联盟（"剧联"）、中国左翼世界语联盟（"语联"）、中国左翼新闻记者联盟（"记联"）、左翼教育工作者联盟（"教联"）、电影小组、音乐小组等左翼文化团体陆续成立。这些团体内部普遍设立了由中共党员组成的党团，由"文委"直接领导，构成了中国共产党领导左翼文化运动的基本组织脉络。

毫无疑问，"左联"是当时诸多左翼文化团体中最璀璨的明珠，在左翼文化运动发展中发挥了十分重要的作用。鲁迅不仅是"左联"的灵魂人物，也是整个左翼文化运动的旗手，引领着左翼文化人突破国民党当局的铁网，占据文化舆论阵地的主导权，使当时中国的社会文化界广泛传播共产党的主张。但是，左翼文化运动毕竟不只是以"左联"为核心的左翼文学运动，还包括左翼电影运动、左翼音乐运动、左翼戏剧运动、左翼美术运动、左翼新闻运动等其他领域。或许有些左翼文化团体没有"左联"影响深远，但也在各自领域奋力助推着左翼文化运动向纵深发展，在某些方面也取得一些重要成就，它们的光辉事迹和文化价值不应被历史埋没。然而，与"左联"浩如烟海、汗牛充栋的研究著述相比，学术界对其他各联的研究成果相对较少，其中关于"记联"的成果少之又少。尽管一些书籍的部分章节涉及"记联"，但大多只有一些只言片语的信息，还有就是一些资料性工具书收录了内容大同小异的"记联"词条简介。

回顾学术界仅有的这些关于"记联"的研究，其学术史脉络大体可以分为以下三个阶段：

第一个阶段是从新中国成立到改革开放前，标志性成果是1957年由中华书局出版、张静庐辑注的《中国出版史料补编》一书。该书不仅刊载了"记联"的两份纲领性文件——《我们的使命（集纳批判的实践意义）》和《中国左翼新闻记者联盟行动纲领及组织纲领》，而且收录了一篇署名为"古钟"的文章——《中国左翼新闻记者联盟史略》，概括地介绍了"记联"的发展脉络。这篇文章认为，"记联"是进步新闻工作者不满南京国民政府对日"不抵抗"政策的产物。"在狂热的反日运动中，不仅爱国的新闻工作者投身于伟大的抗日行列,即以超然自命为'无冠帝王'的资产阶级的代言人,眼见国民党反动政府的不抵抗主义也愤激于民族危机的热情,这时在党所教育下的一些进步的新闻工作者,便筹组了中国左翼新闻记者联盟。"①文章还指出,"记联"以中国新闻学研究会为基础筹建,成立后不久在上海霞飞路上开办国际新闻社,但四个月后遭到法租界巡捕房搜查,被迫停止活动。"记联"的机关刊物《集纳批判》也因国民党严查,原来承印的中外印刷所不敢继续承印,仅出版四期就停刊了。尽管"记联"当时面临的形势非常艰难,但仍采取秘密方式顽强斗争:一方面利用盟员在其所服务报社的公开合法身份发挥作用,另一方面组织稿件通过种种关系分散供给报刊登载。尽管《中国出版史料补编》是资料汇编性质的书籍,但它所提供的珍贵史料为后人关注和研究"记联"提供了基本根据。

　　第二个阶段是从改革开放到2010年。这一阶段关于"记联"的研究成果有两大特点:一是普及类的工具书大量出现。1981年上海辞书出版社出版的《辞海》收录了"中国左翼新闻记者联盟"词条,内容为"简称'记联',土地革命战争时期中国共产党领导的新闻工作者的组织。1932年3月20日在上海成立。曾办通讯社和《集纳批判》《华报》等报刊,先后被国民党政府封闭。1936年5月停止活动"。②可以看出,这个注解基本上是"古钟"《中国左翼新闻记者联盟史略》一文的缩减版。1990年中国大百科全书出版社出版的《中国大百科全书(新闻出版)》也收录了"中国左翼新闻记者联盟"词条,其注解内容较之《辞海》丰富了一些,列举了"记联"成立大会上通过的三项决议名称,补充了"记联"在报道中国工农红军和传播马克思主义新闻思想等方面的贡献,同时介绍了"记联"解散的历史背景。但这些内容仍未超出《中国左翼新闻记者联盟史略》一文所提供的信息范围。此后出版的一批工具书基本沿用这一论述,如1991年河南人

---

①　张静庐:《中国出版史料补编》,中华书局1957年版,第306—307页。
②　辞海编辑委员会编:《辞海》文化、体育分册,上海辞书出版社1981年版,第41页。

民出版社出版的《中国现代史辞典》，1992 年上海社会科学院出版社出版的《上海文化源流辞典》，1998 年四川人民出版社出版的《中国新闻事业史新编》，2002 年中国广播电视出版社出版的《马克思主义新闻学辞典》，等等。

二是一些相关当事人的回忆录、访谈录的出版发行。如 1999 年，中共党史出版社出版了"记联"领导人之一郑伯克的《白区工作的回顾与探讨——郑伯克回忆录》。书中写道："记联常委三人，书记彭集新，组织部长老杨，我任宣传部长。……基层的记联成员，主要有：静安寺路卡德路口鸿翔服装公司店员詹桂年等三人、申新九厂的纺纱工人、世界书局印刷工人、法租界弄堂小工厂的工人、打浦桥川菜馆的老曹（系脱党未接上关系的进步分子）、通信社的记者史继勋、量才补习学校的汤寿龄（刘峰）、持志大学学生柳乃夫、东南医学院学生丁曼生、东南医学院学生贾某和他的侄女爱国女中学生贾唯英等。"①这就为寻找"记联"骨干成员名单提供了许多珍贵线索。再如 2003 年，华东师范大学新闻系编撰的《新闻学研究集刊(1)》中，收录了 1984 年 7 月丁淦林对袁殊的采访记录稿，其中提及："对成立新闻研究会，'文总'的人也不积极，态度既不反对，也不赞成。他们认为我找的人还不纯粹，不够左。……我当时认为，研究会应当同'左记联'合并为一体，办成仿照'左联'和'教联'一样的进步团体。他的活动，名义虽然是'左记联'，但实际他接触的多是工人群众，是他来找我商量发动成立新闻研究会的。"②此类追忆为厘清"记联"与中国新闻学研究会、"文总""左联""教联"等组织之间的关系，以及理解"记联"创立时的思想分歧提供了一手资料。

第三个阶段是 2011 年以来，"记联"问题引起了一些学者的关注，若干专门研究"记联"的学术论文陆续见刊，推动"记联"研究走向深入。

---

① 郑伯克：《白区工作的回顾与探讨——郑伯克回忆录》，中共党史出版社 1999 年版，第 35 页。

② 王晓玉主编、华东师范大学传播学系编：《传播学研究集刊(1)》，上海古籍出版社 2003 年版，第 95—96 页。

2011 年,段勃在《中国最早研究无产阶级新闻学的社团——从中国新闻学研究会到左翼新闻记者联盟》中,通过对《集纳批判》第二号上发表的《中国左翼新闻记者联盟行动纲领和组织纲领》的分析,概括了"记联"的组织架构和成立宗旨。文章认为,"记联"是由赞成及遵守联盟行动纲领的各地城市工场、农村、军官学校的新闻杂志、通讯记者及曾任过记者职务而实业的记者或将来愿意从事新闻工作的在校学生组成。"联盟最高机构是大会(代表会),下设执委会、常务会和专门委员会。联盟大会每半年召开一次,执委会每月召开一次,常务会每周召开一次。"[①]文章指出,"记联"成立的目的,不仅包括彻底反对恶劣待遇、提高记者待遇、保障记者合法权益,而且包括践行新闻大众化理念、发动全国的阶级新闻运动、争取新闻出版的绝对自由。2012 年,孙萍、赵云泽在《中国左翼新闻记者联盟》一文中,对"记联"机关刊物《集纳批判》的文本内容进行了研究,指出《集纳批判》强调新闻业的阶级性,提出了新闻"是鼓动大众组织大众之武器"的观点,批判了"资产阶级反动新闻学",并就建立无产阶级新闻学和代表人民大众利益的新闻事业等问题进行了探讨。文章还比较了《集纳批判》的新闻观点和共产国际的新闻主张,认为"《集纳批判》反映的是共产国际(实际上是斯大林的)新闻观点"。[②]2017 年,蒋含平、梁骏在《转身之间:职业期许与救亡图存——1930 年代的左翼记者群体考察》中,直言"在既有的史料中,关于左翼记者群体的描述,不要说明确的概念界定,就连一个大致的范围也含混不清"。之所以出现这种情况,"或许是由于'左翼记联'从名称上看,政治色彩相对浓厚,加之其活动多半是秘密进行的,为了保护成员的人身安全,所以自身的群体肖像相对模糊"。在这种情况下,文章尝试将"记联"与《文艺新闻》、中国新闻学研究会、《记者座谈》等联系在一起,构建一个左翼记者群体画像。文章认为,"左翼记者群体是以袁殊、陆诒、恽逸群等为代表的进步记者,因为对当时乌烟瘴气的

---

① 段勃:《中国最早研究无产阶级新闻学的社团——从中国新闻学研究会到左翼新闻记者联盟》,《编辑之友》2011 年第 8 期。

② 孙萍、赵云泽:《中国左翼新闻记者联盟》,《新闻前哨》2012 年第 2 期。

新闻界不满,在左翼文化运动的影响下,以'改造新闻界'为期许而自发形成的职业共同体。他们以《文艺新闻》为最初的平台,逐步搭建起'左翼记联''记者座谈'等组织,试图为中国的新闻事业尽一份责任。从整体面貌观之,他们没有严格意义上的从属关系,也没有一份连续统一的刊物为凝聚纽带,因此,其新闻活动呈现出散点状的特征"。①

值得注意的是,这一阶段已经开始有研究生围绕"记联"相关问题撰写学位论文。如《媒介、角色和信任——〈记者座谈〉研究》详细考察了"记联"与《记者座谈》之间的关系。文章认为,"记联"成立后,先后创办了《集纳批判》《华报》等作为自己的宣传阵地,但都很快被查封。为了推动集纳运动,"记联"亟须一份公开的、稳定的、合法出版的报刊作为阵地,《记者座谈》在这个时候应运而生。"它以'集纳之理论与实践的研究'为主要内容,适应了集纳运动的内在要求。'记联'利用同袁殊、陆诒、刘祖澄等的关系,也向《记者座谈》'组织稿件介绍苏联的新闻事业与批判资本主义新闻自由的欺骗性等问题。'"②再如《从推动职业进步到新闻抗战——1931—1936 的左翼记者群体研究》从四个方面阐述了"记联"与中国新闻研究会之间一脉相承的关系。文章认为,"中国左翼记者联盟是中国新闻学研究会的继承者,并且在建立无产阶级新闻学的实践方面有了更进一步的表现"。③

总的来说,学术界整理出版了一些"记联"的相关史料和当事人回忆录,厘清了其中的一些重要问题,考证了部分盟员信息,并从政治与媒体的关系、新闻与信仰的关系、个体与国家的关系等维度,阐述了"记联"相关理论问题,为后人的研究提供了重要的资料基础和学理参照。但也要指出,目前学术界关于"记联"的研究还存在许多薄弱之处:一是研究资料

① 蒋含平、梁骏:《转身之间:职业期许与救亡图存——1930 年代的左翼记者群体考察》,《安徽大学学报》(哲学社会科学版)2017 年第 3 期。
② 徐基中:《媒介、角色和信任——〈记者座谈〉研究》,安徽大学 2013 年硕士学位论文,第 78 页。
③ 唐卓:《从推动职业进步到新闻抗战——1931—1936 的左翼记者群体研究》,暨南大学 2020 年硕士学位论文,第 50 页。

不足。由于"记联"是在"左联五烈士"事件发生的次月成立的，当时左翼文化运动受到了最严厉的打压，因此，"记联"在成立之初就极为重视保密工作，为了保护盟员安全，多半活动都是秘密进行的，留下的记录材料很少。目前刊出的资料主要是"记联"的宣言、纲领和行动计划，涉及具体活动的记录或回忆录极少，这就使后人在探讨"记联"组织发展和活动历史时常常陷入"巧妇难为无米之炊"的困境。二是部分史实矛盾重重。由于"记联"留下的资料较少，相关记述比较简略，学术界对这些记述的理解就容易产生分歧。如中国新闻学研究会是否成立了？如果认为成立了，是1931年10月23日还是10月21日成立的？袁殊与"记联"到底是什么关系？"记联"为什么会解散？是1936年初还是1936年5月解散的？等等。学术界对这些问题莫衷一是、各执一词，亟待后人厘清材料、详加考证。三是研究视角单一。对于"记联"的研究，不能局限于"记联"本身，如果放大视野，从整个左翼新闻运动的视角看"记联"的产生、发展和解散，从整个左翼记者群体的维度考察"记联"盟员的来历和去向，对一些问题的认识能够更加深刻。近年来已经有学者开始在这方面进行了一些探索，但现象背后的深层次逻辑还需要进一步剖析。本书尝试在前人研究基础上，努力从上述几个方面做一些推进，为更好地书写"记联"和左翼新闻运动史贡献一分力量。

第一章

近代上海的报业繁荣与中国共产党早期的新闻思想

鸦片战争后,现代报纸伴随着西方资本主义的扩张传入中国。但很长一段时期,中国的现代报纸中,绝大部分是外国教会或传教士创办的。戊戌变法前后,中国人自主办报出现了高潮,《中外纪闻》《强学报》《时务报》等一批宣传维新思想的报刊陆续创办。辛亥革命后,国人办报热情进一步高涨,《苏报》《申报》等盛极一时,上海逐渐发展成全国重要的报业中心。

第一节　近代上海的报业繁荣

中国报纸事业有着悠久的历史。"中国是世界上最先有报纸的国家,也是世界上最先有新闻事业的国家。

这已经为海内外学者所公认。"①但是中国古代报纸最早起源于哪个朝代,海内外学术界的看法并不一致。归纳起来,主要有以下三种观点。一是"周朝说",如日本新闻史研究者杉村广太郎在其所著的《新闻概论》一书中认为:"'京报'是官报的一类,从周朝就有,一直继续到清朝的灭亡。若是始自周代,则至今约三千年了,无论怎样,可以说是最古的新闻纸了。"②二是"汉朝说",如戈公振在其所著的《中国报学史》一书中,通过《汉书》对"邸"这一机构的性质、功能的说明,提出"汉代即有邸报"的结论。戈公振认为:"汉因为幅员广大之故,不得不刊行一种传布朝廷大事要政之官报。同时驻京各地诸侯,亦设邸府京师,沟通朝廷消息,遂生邸报。"③三是"唐朝说",如方汉奇在其所著的《中国近代报刊史》中明确提出:"中国最早的报纸是邸报。邸报大约起始于唐朝,是封建王朝的政府机关报。因为由'邸吏'负责传发,所以称为'邸报'。"④邸报的内容主要是:(1)皇帝的诏书、命令和皇帝的起居言行;(2)封建王朝的法令、公报;(3)王室的动态;(4)关于封建政府官员的升黜、任免、奖罚、褒奖、贬斥等方面的消息;(5)各级臣僚的章奏疏表(中央和各级地方政府机关给皇帝的工作报告、各地驻军将领的战报、封建言官对朝廷措施的规谏、对失职官吏的弹劾等)和皇帝的批语,没有一般的新闻和言论。这时的邸报只在封建统治机构内部发行,既不刊载采写的新闻,也没有标题、评论、通讯等,更没有广告,它的主要信息来源是皇帝和中央政府,读者以分封各地的皇族和各级政府官吏为主,封建士大夫、知识分子和地方上的豪绅巨贾往往也可以设法看到它的抄件,一般的庶民百姓是看不到邸报的。这与近现代主要依靠报馆出版发行、反映大众生活的报纸有着明显区别。因此,中国古代报纸"无论编辑思想还是经营思想,都仅处于孕育状态,与真

---

① 倪延年:《中国古代报刊发展史》,东南大学出版社2001年版,第1页。
② 杉村广太郎:《新闻概论》,上海现代书局1930年版,第25页。
③ 转引自方汉奇:《中国新闻事业通史》第1卷,中国人民大学出版社1992年版,第31页。
④ 方汉奇:《中国近代报刊史》,山西教育出版社1981年版,第1页。

正的新闻思想相去甚远"①。

中国面向大众的报纸事业起源于 19 世纪初,"这很大程度上得力于早期来华的西方传教士的努力"②。进入 19 世纪,由于中国小农社会和专制统治的封闭性,商品经济并不发达,新闻传播业发展缓慢,"邸报"仍然是主要的新闻传播媒介。而西方资本主义国家报业在工业革命的推动下,迅速实现了现代化和大众化,"报业成了独立的社会行业之一"③。伴随着西方资本主义的对外扩张,一批传教士来到中国,现代报纸作为他们传播教义重要媒介也随之而来。1815 年在马六甲创办的《察世俗每月统记传》是第一家用中文发行的近代报纸,创办人是英国传教士马礼逊和米怜,主要阅读群体是在东南亚的华人,其主要办刊宗旨是"阐发基督教义"④。因此,该报的大部分内容是介绍基督教教义和《圣经》故事,如《圣经之大意》《古今圣史记》等。1833 年在广州创刊的《东西洋考》是中国境内出版的第一家中文近代报刊,创办人是普鲁士传教士郭士立。《东西洋考》的外形和《察世俗每月统记传》近似,但内容有了很大不同,阐释宗教教义的文章大为减少,更多的文章是在介绍西方文化、艺术、哲学和科学技术,重点宣扬西方文明,着力劝说中国人改变歧视西方的旧观念,主张中国人要学习西方的长处。《东西洋考》刊载的大部分材料译自外国报纸,但也有一些广东地方的新闻,并设有"市价篇"专栏,介绍广东的市场行情。鸦片战争后,受益于不平等条约的保护,以传教士为主体的西方人掀起了在华办报的高潮,办报活动逐渐由华南沿海扩展到华东、华中和华北等地。有学者统计:"在 19 世纪 40到 90 年代的将近半个世纪的时间内,他们先后创办了近 170 种中、外

① 许正林:《中国新闻史》,上海交通大学出版社 2008 年版,第 35 页。
② 林语堂:《中国新闻舆论史》,暨南大学出版社 2011 年版,第 74 页。
③ 丁淦林主编:《中国新闻事业史》,高等教育出版社 2002 年版,第 21 页。
④ 中国大百科全书总编辑委员会《新闻出版》编辑委员会、中国大百科全书出版社编辑部编:《中国大百科全书(新闻出版)》,中国大百科全书出版社 1990 年版,第 53 页。

文报刊,约占同时期报刊总数的95％,其中大部分是以教会或传教士个人名义创办的。"①

19世纪中叶,受西方传教士报纸的影响,中国香港、广州、上海、汉口等地出现了一批中国人自己主持、创办的近代报纸。1857年在香港创办的《中外新报》是中国人自己创办的近代第一份报纸。《中外新报》的创办人黄胜早年就读于澳门马礼逊学堂,1847年在香港外报和商行资助下赴美留学,回国后在香港《德臣西报》学习报纸经营和印刷技术。该报每周二、四、六发行一张"新闻纸",每周一、三、五发行一张"行情纸",主要刊载《京报》、译自外报的新闻、香港新闻和广州新闻,并登载大量商业信息和广告。这一时期中国人创办的近代报刊还有《香港华字日报》《循环日报》《昭文新报》等。戊戌变法前后,中国人自主办报事业出现了高潮。据不完全统计,"在1895—1898年的四年间,全国新出版的中文报刊约120种,其中80％左右为中国人自办"。②其中影响较大的报纸有康有为创办的《中外纪闻》《强学报》,梁启超创办的《时务报》《清议报》,汪康年创办的《时务日报》,唐常才创办的《湘学新报》,严复创办的《国闻报》等。辛亥革命时期,中国人自主办报热情进一步高涨,中文报纸如雨后春笋般迅速发展,除政论性报纸外,还出现了很多专业性、商业性、娱乐性报纸和白话报纸。据统计,截至1911年,全国出版中文报刊中报纸占了多数。③代表性的报纸有《苏报》《申报》《大公报》《警钟日报》《汉口日报》等。进入民国时期,报刊管制措施一度废除,全国报业盛极一时、蔚为大观,尤其是五四运动时期,民主报刊空前繁荣,成为宣传介绍新思想、新思潮的重要阵地。

19世纪末20世纪初,上海发展成为全国重要的报业中心。1895年,李提摩太在《天津时报》上发表的《中国各报馆始末》一文统计了当时中国报纸出版情况:1815年至1894年,全国先后出版的中文近代报纸共有76

---

① 方汉奇:《中国近代报刊史》上册,山西人民出版社1981年版,第18页。
② 刘家林:《中国新闻史》,武汉大学出版社2012年版,第133页。
③ 张敏:《略论辛亥革命时期的上海报刊市场》,《史林》2003年第2期。

种,其中上海 32 种,占据全国报业的半壁江山。①在英文报纸方面,上海也走在了全国最前列。据统计,1861 年至 1895 年间,上海新出了 31 种英文报纸,而香港同期仅出了 8 种,上海几乎是香港的 4 倍。②到了辛亥革命前夕,全国共出版中文报刊 1 753 种,其中 460 种在上海出版,占 26.24%。③近代的上海出版物特别多,不仅本地的多,而且外地或海外所出也往往以上海为转口销售的据点,如留日学生的报刊、海外保皇党的报刊等。国内各地维新势力的报刊,不少都在上海设总代派处或总经销处,再销往各处。④

作为全国的报业中心,上海涌现了以《申报》《新闻报》等为代表的一批全国范围内经营最为成功的中文报纸。《申报》于 1872 年 4 月在上海公共租界的山东路创刊,创办人是英国人安纳斯托·美查。美查认识到,要使一张报纸在中国发展壮大,其内容就必须符合中国人的要求,因此,他对报馆的同事要求:"这报是给华人看的,文字应从华人方面着想。"⑤在日常经营中,美查也很信任华人,放手让华人做事。很快,《申报》从内容到形式逐步得到改进,战胜了同期在上海与其竞争的《上海新报》等,每天的销量从创办初的 600 份增加到1881 年的 2 000 份,到 1897 年每天销量已达 7 000—8 000 份⑥。1912 年著名报人史量才等接办《申报》后,《申报》得到快速发展,日发行量迅猛增长,1922 年日发行量达到 5 万份,1925 年达到 10 万份,1928 年突破 14 万份⑦,成为全国最具有影响力的报纸。《申报》的影响力之大,以至一些地方的人们将《申报》作为报纸的代名词。浙江浦江县的曹聚仁回忆说:"我们乡间,凡是报纸,都叫做'申

---

① 方汉奇:《中国新闻传播史》,中国人民大学出版社 2002 年版,第 70 页。
② 同上书,第 56 页。
③ 史和等:《中国近代报刊名录》,福建人民出版社 1991 年版,第 372—388 页。
④ 张敏:《略论辛亥革命时期的上海报刊市场》,《史林》2003 年第 2 期。
⑤ 上海书店《申报》影印组:《〈申报〉介绍》,上海书店《申报》影印组 1983 年版,第 6 页。
⑥ 徐载平、徐瑞芳:《清末四十年申报史料》,新华出版社 1988 年版,第 73 页。
⑦ 马光仁:《上海新闻史(1850—1949)》,复旦大学出版社 2014 年版,第 548 页。

报纸',一个专有名词当做普通名词用,可见这家报纸的权威。"①《申报》的影响力不止于乡间,"在北京官员的问候语中,有一句话就是:'申报你看了吗?'"②《申报》不仅在国内大受欢迎,在国外也颇具影响,20世纪初朝鲜半岛出现的一份名为《大韩每日申报》的重要报纸,明显受到了上海《申报》的影响。

除《申报》外,上海的《新闻报》也是全国销量领先的大报。《新闻报》创刊于1893年2月,系中外合资创办,总董是英国人丹福士,中国人张叔和与蔡尔康分别是主要出资人和主笔。《新闻报》的销量很大,"号称日销15万份,实销数为12万份"。③由于销量很大,当时要在《新闻报》上刊登广告的商家很多,上海几乎所有的广告公司都要向《新闻报》开户交纳广告保证金。《新闻报》的资金积累也成倍增长,每年获利几万元或十几万元,甚至更高。"1922年广告费收入近百万元,扣去董事分红及各项开支,大约也盈利几十万元,形成了申、新两报并驾齐驱的局面。"④找准目标读者、聚焦工商信息是《新闻报》取得成功的重要原因。近代上海报业繁荣,大报林立,竞争非常激烈。要想在激烈的竞争中占据有利位置,必须形成自己的报纸特色和风格。当时,《申报》侧重时事政治新闻,综合性强,《时事新报》在学术信息报道中优势明显,《时报》则以体育、教育、文化和娱乐新闻取胜。鉴于此,《新闻报》确定了以报道经济新闻为特色的发展战略。总经理汪汉溪多次强调:"上海人口以从事工商业者为最多,我们办报,首先应适应工商业的需要。"⑤事实证明,这一战略选择是极为明智和卓有成效的,对于《新闻报》日后发展成为上海乃至全国销量领先的报纸起到了关键性作用。

上海发展成为近代中国的报业中心,有着深刻的历史和现实原因。

① 曹聚仁:《上海春秋》,上海人民出版社1996年版,第109页。
② 傅德华等:《史量才与〈申报〉的发展》,复旦大学出版社2013年版,第1页。
③ 韩淑芳:《民国趣读·老城记·老上海》,中国文史出版社2018年版,第246页。
④ 《上海新闻史(1850—1949)》,第553页。
⑤ 陶菊隐:《记者生活三十年》,中华书局1984年版,第82页。

中国近代报纸首先出现在广东沿海一带,第一次鸦片战争后成为英国
殖民地的香港曾长期处于报业中心的位置。"不论在报刊的数量上还
是在报纸的商业程度上,第二次鸦片战争之前,中国近代报刊在香港的
发展一度相当繁荣,使香港形成了办报的一种中心。这是当时的澳门、
广州甚至上海等地所无法比拟的。"①到了19世纪末20世纪初,上海
取代香港成了中国近代报业中心,其原因主要有以下两个方面:第一,
上海拥有发达的经贸和广泛的信息来源。1865年以后,全国对外贸易
的商品有一半以上通过上海集散。贸易的繁荣吸引了大量海内外人才
来沪生活和工作,他们既为报馆提供了丰富的新闻消息,也是报纸的重
要消费群体。第二,广阔的租界为上海报业繁荣提供了有利的外部环
境。租界是西方殖民者破坏中国司法权和行政权、对中国进行侵略
的历史铭证,但同时,租界也为很多报刊尤其是时事政治类报刊的发
展提供了保护,使其免受专制政府的严格审查和禁锢,租界中西方人
创办的报纸也为中国自主办报提供了参考和借鉴,客观上有利于报
业的发展。

第二节　民国初期上海的进步报刊

　　新文化运动是由陈独秀、李大钊、鲁迅、胡适等一些受过新式教育
的知识分子发起的"反传统、反儒教、反文言"的思想启蒙运动。在新文
化运动中,陈独秀等人广泛汲取"西方的自由主义、实用主义、功利主
义、无政府主义,以及各式各样的社会主义思想"②中的精华,大力提倡
民主与科学,猛烈抨击中国传统的文学、历史、哲学、政治制度和儒家伦

---

① 宋涵慧:《从香港到上海——中国近代报业中心转移的原因探析》,《新闻爱好者》
　2009年第15期。
② 周策纵:《五四运动史:现代中国的知识革命》,世界图书出版公司2016年版,第
　1页。

理。这场运动虽然发端于文字改革和文学革命,但其影响力很快扩展到文化领域之外,新文化运动的主将们发起这场运动的目的"就是要以现代文明改造旧中国,以思想启蒙的方式促使国人从文化上的理性自觉迅速转化为政治、经济制度上的理性自觉,既要破旧也要立新,使中国迅速实现现代化,让中华民族再次屹立于世界民族之林"。[1]因此,新文化运动被一些中外学者称之为"中国的启蒙运动"[2]或"中国的文艺复兴"[3]。更为重要的是,新文化运动不仅仅是一场学术争鸣和思想启蒙,它的参与者还以此为指导开启了救国救民的丰富实践。如王光祈等倡导形成的名称各异的工读互助团、毛泽东开办的湖南自修大学和新民学会、周恩来等创建的天津觉悟社等都是这种具体实践。这些尝试尽管有些许不切实际之处,但理想与实践的种种躁动却预示新社会的产生已为期不远。[4]

上海是新文化运动的发源地和重要中心。新文化运动以1915年在上海创办的《青年杂志》为开端,在创刊号《敬告青年》一文中,陈独秀提出了新青年的六条标准,即"自主的而非奴隶的""进步的而非保守的""进取的而非隐退的""世界的而非锁国的""实利的而非虚文的""科学的而非想象的",指明了新文化运动的方向。1916年9月,《青年杂志》更名《新青年》,"添加一个'新'字,以与其鼓吹新思想、新文化的内容名实相符"[5]。上海《新青年》发起的对中国传统文化的猛烈批判,吸引和团结了一大批进步知识分子,上海也因此成为新文化运动的策源地和运动中心。1917年,陈独秀应蔡元培邀请前往北京大学任教,《新青年》也随之迁往北京,新文化运动的中心一度北移。但在1919年五四运动爆发后,"上海很快恢复了新文化运动的中心地位,并把运动的深度和广度大大向前推

① 谢地坤:《永恒的"五四":启蒙与思想解放》,《中国社会科学》2015年第11期。
② 微拉·施瓦支:《中国的启蒙运动——知识分子与五四遗产》,山西人民出版社1989年版,第114—165页。
③ 欧阳哲生:《胡适文集》第12卷,北京大学出版社1998年版,第42页。
④ 陈廷湘:《新文化运动:中国思想创新的里程碑》,《中国社会科学》2015年第11期。
⑤ 萧超然:《北京大学与五四运动》,北京大学出版社1986年版,第38页。

进了一步,由对封建文化的批判,进入对社会改造的探索"。①当时的上海,商务印书馆、中华书局、申报馆等具有全国影响力的重要文化机构先后投入介绍新文化的潮流中,国民党人戴季陶、沈玄庐、邵力子等主持的《民国日报》《星期评论》《建设》等杂志同样积极介绍新思潮,梁启超、张东荪等创办的《时事新报》及其副刊《学灯》《解放与改造》等报刊及其组织的众多文化社团,如新学会、讲学会、尚志学会等,更是致力于输入新思潮,有力地推动了新文化运动的发展。②

在《新青年》等进步报刊引领下,上海新闻界对五四新文化运动采取了积极支持的态度。五四运动爆发后,上海的新闻界马上站在广大人民群众的正确立场上,各大报纸积极投入支持爱国运动的宣传活动中。《民国日报》跟踪报道学生运动情况,连续发表抨击外交失败、支持学生爱国行为的时评和社论,并呼吁全国人民行动起来,反对北京政府出卖国家主权的阴谋。《民国日报》尖锐地指出以前的清政府有一大批的卖国贼,现在的北京政府大大超过清政府,简直可以说是"卖国公司"。为了进一步揭露北京政府的卖国行径,《民国日报》专门开辟了"大家讨贼救国"栏目,连续刊载了《两年来卖国借款一览表》等文章。作为全国最有影响力的报纸,《申报》曾长期对国内的现实政治斗争持中立立场。五四运动爆发后,《申报》的报道逐渐偏向了爱国群众。当爱国群众要求惩办曹汝霖、陆宗舆、章宗祥等人时,《申报》指出,"负责之人使国事败坏至于如此",而"依然任事如故,负责之人亦太无羞耻点",并在社论中批判安福系军阀,揭露他们"欲乘机以图私利",是中国"政党中尤为无耻者也"。《新闻报》的报道更为激进。早在五四运动爆发前,《新闻报》就发表《曹汝霖之外交》一文点名抨击外交部门的无能。在北京政府对曹汝霖、陆宗舆、章宗祥等采取包庇态度时,《新闻报》直言北京政府是"欲借重卖国之人才,而自承为卖国之政府也"③。

---

① 《上海新闻史(1850—1949)》,第 499 页。
② 左玉河:《上海:五四新文化运动不容忽视的另一个中心》,《安徽大学学报》(哲学社会科学版)2013 年第 1 期。
③ 《除国贼》,《新闻报》1919 年 6 月 7 日。

当北京政府的御用文人污蔑学生运动是受人挑唆时,《新闻报》驳斥道:"试观五四示威运动以来,响应者全国一致,此可以操纵而得? 实由卖国之徒违法乱纪,肆无忌惮,人心遂愤不可遏。"① 此外,《新闻报》还将其著名的副刊《快活林》更名为《救国雪耻》,主要刊登反帝爱国的文章。

为了进一步支持爱国学生的反帝运动,上海新闻界还采取了制定行业规章抵制帝国主义文化渗透、发表反帝爱国联合通电等措施。《申报》《新闻报》《民国日报》《时事新报》《神州日报》《中华新报》等七家大报采取联合行动,拒绝刊登日本商人的广告,并号召"全国报界,在山东问题未圆满解决之前,对于日商广告,一律拒登,以表示我同业爱国之热忱"② 。设在上海的全国报界联合会也通过了《拒登日商广告案》。北京政府逮捕爱国学生的消息传到上海后,上海日报公会立即致电北京政府,要求释放被捕学生,电文劝告北京政府"须知压抑愈重,反动愈烈""请勿漠视舆论,致激巨变",并呼吁"立开释被捕学生,以慰人心"③ 。"内惩国贼"是五四爱国运动的重要斗争目标之一。为了达到这一目标,上海日报公会又一次致电北京政府,警告说:"风潮所荡,必致全国辍业。人心既去,岂武力所能压制,大局危殆,非立释学生,惩办曹、陆、章不足挽回人心。"④ 上海新闻界的积极作为对北京政府造成了一定舆论压力,有力地支持了广大群众的反帝爱国运动。

五四新文化运动也推动了上海新报刊的出现,其中最为积极的是各大高校的学生报刊。1919 年 5 月,上海学生联合会成立,6 月便出版发行了机关刊物《上海学生联合会日刊》,刊载学界信息。年底又出版了《上海学生联合会通俗丛书》,主要是目的是用通俗的语言启发民智。上海的各大高校也相继出版了自己的刊物,南洋公学(今上海交通大学)办有《南洋

---

① 《人心趋向》,《新闻报》1919 年 6 月 1 日。

② 《民国日报》1919 年 5 月 16 日。

③ 《上海日报公会请释被捕学生》,《申报》1919 年 5 月 7 日。

④ 《申报》1919 年 6 月 6 日。

周刊》,复旦大学创办了《平民周刊》,上海第二师范有《平民导报》等。留日归国学生出版了《强国日报》,留美学生出版了《民心周报》等。①这些进步报刊的出现,反映了新文化运动所倡导的民主和科学思想已经为当时的知识分子广泛接受。此外,在孙中山等人的支持下,上海还创办了《星期评论》《建设》等进步报刊,猛烈抨击军阀专制统治,积极传播新思潮。

上海是马克思主义在中国传播的前沿阵地。早在1899年,上海《万国公报》连载的《大同学》一文中就有如下叙述:"以百工领袖著名者,英人马克思也。"尽管这里将马克思误认为是英国人,但却是中文报刊上第一次出现马克思的名字。此后,上海广智书局等陆续有介绍社会主义、马克思主义的书籍或文章出版。俄国十月革命后,上海掀起了传播和介绍马克思主义的热潮。十月革命爆发后仅三天,上海的《民国日报》《申报》《时报》《中华新报》等,都在显著位置刊发了消息。《时报》还开辟了"俄国革命消息"专栏,跟踪报道俄国革命动态和战斗进展情况。俄国革命对中国人民尤其是知识分子产生了深刻影响,李大钊接连发表了《法俄革命之比较观》《庶民的胜利》《Bolshevism 的胜利》等文章,并情不自禁地高呼"试看将来的环球,必是赤旗的世界"!②关于俄国十月革命在中国产生广泛影响的原因,毛泽东曾分析道:"中国有很多事情和十月革命以前的俄国相同,或者近似。封建主义的压迫,这是相同的。经济和文化落后,这是近似的。两个国家都落后,中国则更落后。先进的人们,为了使国家复兴,不惜艰苦奋斗,寻找革命真理,这是相同的。"③在十月革命的影响下,上海报刊上登载的介绍和研究马克思主义的文章越来越多,其中比较重要的报刊有《觉悟》《星期评论》《建设》等。以《建设》为例,"从1919年8月至1920年4月,粗略统计就刊载了介绍马克思主义,或用马克思主义分析中国问题的论文或译文20余篇(次),占这时期全部文章篇幅的15%—20%"。④

---

① 《上海新闻史(1850—1949)》,第506页。
② 李大钊:《李大钊选集》,人民出版社1959年版,第117页。
③ 毛泽东:《毛泽东选集》第4卷,人民出版社1991年版,第1469页。
④ 《上海新闻史(1850—1949)》,第510页。

可以说，在上海新闻界的努力下，上海的马克思主义的传播活动走在了全国的最前列。

　　随着马克思主义在中国的进一步传播，上海出现了一批以马克思主义为指导思想的红色报刊。最早的一批红色刊物是由上海的共产党早期组织创办的。1920 年 6 月，陈独秀在马克思主义研究会基础上，发起成立上海共产党早期组织，陈独秀任书记，成员有李汉俊、俞秀松、施存统和陈公培，8 月正式成立，定名为"共产党"。11 月，上海共产党早期组织拟定了《中国共产党宣言》，指出"共产主义者的目的是要按照共产主义者的理想，创造一个新的社会"①。这个早期组织，"实际上是中国共产党的发起组织，是各地共产主义者进行建党活动的联络中心"。②为了在工人和先进知识分子中广泛传播马克思主义，上海共产党早期组织决定将《新青年》作为公开宣传的机关刊物。早在 1919 年 6 月，《新青年》就出版了"马克思主义研究"专号，这是《新青年》办刊方向发生转变的重要标志。1920 年初，《新青年》公开宣布放弃自由主义办刊方针，确定以马克思主义为指导，从此，宣传马克思主义成为《新青年》的办刊宗旨。为了进一步扩大马克思主义在工人阶级中的影响，上海共产党早期组织在 1920 年 8 月创办了通俗报刊《劳动界》。该刊设有"国内劳动界""本埠劳动界""时事""调查""通讯""小说"等栏目，主要通过生动活泼的故事诠释马克思主义原理，揭露资本家剥削工人劳动成果的秘密，呼吁工人阶级联合起来推翻人剥削人的旧社会，建设劳动者当家作主的新世界。1920 年 11 月 7 日，在俄国十月革命三周年纪念日这天，上海共产党早期组织又创办了一份半公开出版物——《共产党》月刊，编辑人员都使用化名，如李达化名为"江春""胡炎"，沈雁冰化名为"P 生"，李汉俊化名为"汗"等。《共产党》月刊主要介绍第三国际和国际共产主义运动的情况，并根据列宁的建党理论讨论了中国共产党的性质、任务、革命策略等问题。在创刊号上，陈独秀号召：

---

① 中共中央党史研究室、中央档案馆：《中国共产党第一次全国代表大会档案文献选编》，中共党史出版社 2015 年版，第 22 页。

② 《中国共产党简史》编写组：《中国共产党简史》，人民出版社 2021 年版，第 12 页。

"用阶级战争的手段，打倒一切资本阶级，从他们手中抢夺来政权，并且用劳动专政底制度，拥护劳动者底政权，建设劳动者的国家以至无国家，使资本阶级永远不至发生。"①此外，《共产党》月刊还第一次喊出了"共产党万岁""社会主义万岁"的口号。

　　1921年中国共产党正式成立后，上海的红色报刊得到进一步发展。宣传工作是马克思主义政党的核心工作之一，"自建立之日起，中国共产党就重视报刊工作……建党初期的中国共产党人绝大多数在党报党刊工作过"。②中国共产党正式成立后创办的第一个中央机关报刊是《向导》，由负责中央宣传工作的蔡和森担任主编。陈独秀在发刊词中指出《向导》的宗旨是"以统一、和平、自由、独立四个标语呼号于国民之前"③，蔡和森明确阐述了《向导》的具体办刊方针："本报是有组织的活动的表征。本报并不像别的报纸一样，只是发空议论。本报所发表的主张，是有数千同志依着进行的。"④在蔡和森等人的努力下，《向导》周报的影响力日渐增强，发行量迅速上升，在初创时《向导》的发行量只有两千多份，1926年增长到五万多份，迁往武汉后发行量达到十万份⑤，在广大群众中产生了重要的积极影响。除此之外，中国共产党还创办了《劳动周报》（1921年8月在上海创刊）、《新青年》季刊（1923年6月15日在广州创刊）、《前锋》月刊（1923年7月1日在上海创刊）、《中国青年》（1923年10月在上海创刊）、《中国工人》（1924年10月在上海创刊）、《热血日报》（1925年6月在上海创刊）等一系列革命报刊，从各个方面致力于推动马克思主义的传播。如《新青年》季刊的使命是成为"中国无产阶级革命的罗针"⑥，《前锋》的办刊宗旨是为国民运动"打头阵"⑦，《劳动周报》的任务是"为中国

① 王大龙：《红色报刊集萃》，同心出版社2010年版，第39页。
② 陈志强：《中国共产党报人群体的产生及其影响》，《光明日报》2018年9月5日。
③ 《本刊宣言》，《向导》第1期。
④ 《敬告本报读者》，《向导》第15期。
⑤ 李立三：《纪念蔡和森同志》，《回忆蔡和森》，人民出版社1980年版，第9页。
⑥ 《新青年之新宣言》，《新青年》季刊第1期。
⑦ 《本报露布》，《前锋》第1期。

一般青年服务"①,《中国工人》的定位则是"党在职工运动中简单明了地解释理论策略、描写各地工农状况的唯一机关"②。中国共产党领导的红色报刊不仅对于宣传党的思想、路线、方针和政策具有重要价值,而且"在思想、组织、制度、队伍和作风等方面积极探索了自身建设的途径"③,对于中国共产党的成长和国民革命运动的发展具有重要作用。

第三节 中国共产党早期的新闻思想

民国时期上海报业在走向繁荣的背后,也出现了一些腐朽和堕落的现象。首先,上海出现了一批反对思想进步的尊孔复古报刊。在民国初期,袁世凯为了复辟帝制,大搞尊孔复古活动。在袁世凯的支持下,各类孔教会、孔道会、尊孔会等组织纷纷成立,并在报业中心上海创办了一批封建报刊作为宣传阵地。如1913年2月,康有为在上海创办了以宣传孔教为宗旨的《不忍》杂志,公开否定民主共和的价值。《不忍》公开表示民主共和体制"可行于小国,不可行于大国",认为中国人"本无民主共和之念,全国士夫,皆无民主共和之引也",污蔑革命党人的爱国行为是"号为共和,而实共争共乱;号为自由,而实自死自亡;号为爱国,而实卖国灭国",并将袁世凯的假共和体制出现的乱象强加于民主共和理念本身,认为是民主共和导致了中国"悍将骄兵之日变也,都督分府之日争也,士农工商之失业也,小民之流离饿毙也"④。上海孔教会创办的《孔教会杂志》是吹捧孔子封建思想的另一阵地。该杂志由陈焕章主编,深受康有为思

----

① 中共中央党史研究室:《中国共产党历史(第1卷)》上册,中共党史出版社2002年版,第92页。
② 秦绍德:《上海近代报刊史论》,复旦大学出版社1993年版,第88页。
③ 徐方平、张德艳:《论中共早期报刊自身建设、宣传及其经验教训》,《中共党史研究》2006年第5期。
④ 康有为:《中华救国论》,《不忍》第1卷第1期。

想影响,极力鼓吹孔教国教论。《孔教会杂志》将孔教视为"中国之国魂",认为:"孔子者,吾中国之圣人也。孔教者,吾中国之生命也。"①这些宣扬尊孔复古的反民主报刊,以爱国救民的面目出现,具有很大的迷惑性,在上海乃至全国产生了消极影响。

其次,不少报纸避开时事政治问题,罔顾社会责任。报纸掌握着社会舆论方向,对于政府方针和国民精神均可产生重要影响,民国著名报人赵君豪指出:"报纸为社会公器,从事报业者,应秉国家至上,民族至上之精神,竭尽才能,为国家民族谋至上之福利,不容有些微私见,掺杂其中,此为一般公认之原则。"②在民国初年,新闻界确实承担了不少针砭时弊、革新风气的社会责任,但是,当袁世凯称帝后,民主共和思想受到专制统治打压时,不少报纸选择了沉默,争相标榜本报不谈政治。戈公振在《中国报学史》中批评说:"民国初年,报纸之论调,虽以事杂言庞为病,然朝气甚盛,上足以监督政府,下足以指导人民。乃洪宪以后,钳口结舌,相率标榜不谈时政,唯以迎合社会心理为能事。其故或以营业为宗旨,不欲开罪于人;或有党派与金钱之关系,不敢自作主张。于是人民无所适从,军阀政客无所顾忌;造成今日之时局,报纸不能不分负其责也。"③当时的一名报人写道:"直到现在,中国新闻业的信誉很低,报人的名声比江湖骗子高不了多少,而报人常常就是骗子。"④还有人这么描述当时上海新闻界的状况:"上海的新闻记者,不是流氓的徒弟,就是同资本家或富豪有关系,有政治背景的人……除《新闻报》记者李浩然和顾执中等少数人外,其他大报记者几乎都是招摇撞骗的流氓记者……他们首先拜杜月笙等人为师爷,成为门徒,经常参与分赃……谁多给钱,就给谁干。"⑤总之,在袁世凯窃取革命胜利果实后,"上海大多数报刊趋向保守,其副刊的消

① 康有为:《孔教会序二》,《不忍》第 1 卷第 2 期。
② 熊月之:《上海通史》第 10 卷,上海人民出版社 1999 年版,第 231 页。
③ 戈公振:《中国报学史》,中国和平出版社 2014 年版,第 350 页。
④ 陈建华:《陈冷:民国时期新闻职业与自由独立之精神》,《东吴学术》2014 年第 1 期。
⑤ 丁淦林:《丁淦林文集》,复旦大学出版社 2005 年版,第 38—39 页。

闲性进一步发展,格调日趋低下"①,不少报刊为求自保不愿评论现实政治问题,逃避媒体的社会责任,这是民国时期上海新闻界堕落的一个表现。

再次,一些报纸副刊热衷于报道趣味低俗的内容。民国时期上海的很多报刊都是由资产阶级创办的,追求利润是它们经营的首要目标。为了吸引眼球,一些报刊热衷于刊载充满浮夸和色情内容的文章,"像国民党中央宣传部直属党报《华北日报》,军统直属的《明报》《记事报》,其副刊水平都品位不高,有的甚至大谈婚变、艳情、传奇,标题多是《巴黎的艳窟》《大腿明星一席》之类"。②上海的《申报》在新闻版中义正词严地抨击娼妓的危害,但是在其副刊中却又常常借助嫖娼话题吸引眼球。③有学者专门对民国时期副刊的低俗化现象展开了分析,认为产生这种现象的原因是旧知识分子的劣根性。"那时的舞文弄墨的旧文人,有不少带有很深的劣根性。……就像刻薄者讽刺的那样,等到烟上瘾,酒会喝,铜钱非赌不可,窑子非进不可了,于是他一身的梅毒,就成了他取得文人会里的'入社证'。副刊既然由这样的人把持着,那就可以想见'描写艳情,流连风景'的作品为什么会占大半江山了"④。另外,民国时期上海还出现了一批由投机商人和流氓头子主办的专门服务于娱乐场所的小报,这些报纸单纯以营利为目的,极力迎合低级趣味,助长了社会不良风气。

面对民国时期上海报刊界的一些不良现象,以中国共产党人为代表的先进知识分子一方面积极从事革命报刊创办实践,努力改革报业风气,另一方面积极学习和研究马克思主义新闻思想,并将其运用到指导革命报刊的经营活动之中,取得了积极效果。所谓马克思主义新闻思想,是指

---

① 《上海新闻史(1850—1949)》,第 458 页。

② 魏剑美、骆一歌:《中国报纸副刊史》,新华出版社 2015 年版,第 19 页。

③ 郭武群:《打开历史的尘封——民国报纸文艺副刊研究》,百花文艺出版社 2007 年版,第 121 页。

④ 陈昌凤:《蜂飞蝶舞——旧中国著名报纸副刊》,福建人民出版社 1999 年版,第 8 页。

马克思、恩格斯、列宁等无产阶级革命家在长期的新闻实践中,根据时代环境和实际斗争需要,对社会主义新闻事业客观规律的科学概括和总结,它是马克思主义世界观和方法论在新闻学领域的集中反映和体现。马克思主义新闻思想的内涵极为丰富,其核心主张包括以下三个方面:一是主动占领舆论阵地。马克思指出:"极为重要的是使我们的党在一切可能的地方占领阵地,哪怕暂时只是为了不让别人占领地盘。当然,目前还必须慎重地利用这些阵地,但重要的是,为了决定性的时刻保证自己在各个据点的影响。"①二是没有绝对的中立新闻,无产阶级的新闻就是要站在人民的立场上。马克思强调:"我们的任务是要揭露旧世界,并为建立一个新世界而积极工作"②,"报刊的首要任务就是破坏现存政治制度的一切基础"。③三是积极争取言论出版自由。马克思猛烈抨击普鲁士政府的书报检查制度,并通过其主编的《莱茵报》大力宣扬言论出版自由,其著名的《摩塞尔记者的辩护》便是明证之一,在马克思看来,"没有自由对人来说就是一种真正的致命的危险"④。马克思主义新闻思想可以用一句话概括,那就是:"为捍卫真理而战!为人民利益而战!"⑤这也是每一个真正的马克思主义者始终坚持的奋斗目标。

十月革命一声炮响给中国送来了马克思列宁主义,这其中也包括马克思主义新闻思想。中国共产党人对马克思主义新闻思想的掌握主要有两种途径:一方面,共产国际、俄共(布)及其来华工作人员积极向中国共产党人介绍苏俄报刊的办报经验、新闻思想和宣传政策;另一方面,中国共产党人中的瞿秋白、蔡和森、周恩来、赵世炎等都有欧洲留学工作经历,注重考察和比较无产阶级新闻思想和资产阶级新闻思想。需要指出的是,中国共产党人对马克思主义新闻思想的态度从一开始

① 马克思、恩格斯:《马克思恩格斯全集》第29卷,人民出版社1972年版,第569页。
② 马克思、恩格斯:《马克思恩格斯全集》第1卷,人民出版社1972年版,第414页。
③ 马克思、恩格斯:《马克思恩格斯全集》第6卷,人民出版社1972年版,第278页。
④ 《马克思恩格斯全集》第1卷,第74页。
⑤ 郑保卫:《马克思主义新闻思想研究》,中国人民大学出版社2005年版,第4页。

就不是教条主义的,而是根据中国国情和党的宣传工作实践,继承和吸收马克思主义新闻思想中的主要内容,同时也汲取了近代中外民主进步新闻思想的精华部分,形成了具有独特风格的中国共产党早期新闻思想。

这一思想的核心要点如下:第一,新闻宣传工作必须接受党的集中统一领导。《中国共产党第一个决议》规定:"一切书籍、日报、标语和传单的出版工作,均应受中央执行委员会或临时中央执行委员会的监督"。"每个地方组织均有权出版地方通报、日报、周刊、传单和通告。不论中央的或地方出版的一切出版物,其出版工作均应受党员的领导"。"任何出版物,无论是中央的或地方的,都不得刊登违背党的原则、政策和决议的文章"。①中共二大通过的《中共加入共产国际决议案》中附录了列宁起草的《加入共产国际的条件》,其中明确指出:"一切定期的或其他的报纸与出版物,须完全服从党的中央委员会,无论他是合法的或违法的,决不许出版机关任意自主,以致引出违反本党的政策。"②中国共产党早期宣传工作的重要领导人蔡和森十分强调党报的政治性,他在党的机关报《向导》上指出:"本报是有组织的活动的表征。本报并不像别的报纸一样,只是发空议论。本报所发表的主张,是有数千同志依着进行的。"③并强调《向导》是统一我党的思想工具和组织工具④。可见,从中国共产党成立起,就把统一全党宣传思想工作作为一项重要原则。

第二,要培养一批扎实掌握马克思主义理论并善于联系群众的宣传工作队伍。早期中国共产党人重视学习马克思主义经典著作,为了使更多的党员能够阅读马克思主义经典著作,他们翻译出版了一系列马列文献,如《共产党宣言》(陈望道翻译)、《阶级争斗》(恽代英翻译)、《马格斯资

① 中共中央文献研究室、中央档案馆:《建党以来重要文献选编(1921—1949)》第 1 册,中央文献出版社 2011 年版,第 5 页。
② 同上书,第 142 页。
③ 《敬告本报读者》,《向导》第 15 期。
④ 《蔡和森的十二篇文章》,人民出版社 1983 年版,第 33 页。

本论入门》(李汉俊翻译)、《社会主义史》(李季翻译)等。瞿秋白强调:"中国共产党党员,连我在内,列宁主义的著作读得太少了,要研究中国当前的革命问题,非读几本书不可。"①中国共产党早期领导人,"像陈独秀、李大钊、毛泽东、周恩来、瞿秋白、蔡和森、恽代英、萧楚女等人既是中国共产党早期报刊工作队伍中的杰出代表,也是学者型的大理论家、宣传家、革命家"。②注重推广和宣传党的报刊是中国共产党早期新闻思想的一大特点,中共中央规定:"凡属本党党员,不但有购买本党中央机关报之义务,并有努力向党外推销之义务",为了增强党的思想影响力,党员要"努力介绍书局或学校贩卖部为代表"③。中国共产党很早就认识到,只有深入联系群众,了解群众所思所想所需,才能更好地赢得群众的支持。恽代英主编《中国青年》时,经常组织学生深入工厂和农村,倾听普通群众的真实诉求。他强调:"果真为革命工作,便应钻到群众中间去,去与群众融洽接近起来,探知群众的生活、习惯、心理及要求……群众才能相信我们,而且我们才能有把握的宣传群众。"④密切联系群众是中国共产党早期宣传工作取得成功的重要原因之一。

第三,坚持用马克思主义科学理论引领社会舆论。坚持马克思主义的指导是马克思主义新闻思想的基本原则。列宁在阐述《火星报》办报方针时指出:"我们不打算把我们的机关报变成形形色色的观点的简单堆砌。相反地,我们将本着严正的明确方针办报。一言以蔽之,这个方针就是马克思主义。"⑤中国共产党早期领导人在办报活动中始终坚持这一方针。蔡和森很早就强调"凡游移不定的论说和与马克思主义矛盾的东西,党的出版物皆不登载"⑥。瞿秋白也指出:"革命的理论必须和革命的实

①　杨之华:《忆秋白》,人民文学出版社1981年版,第205页。
②　钱承军:《建国前中国共产党报刊研究》,中国文联出版社2009年版,第9页。
③　中国社会科学院新闻研究所:《中国共产党新闻工作文件汇编》上册,新华出版社1980年版,第4页。
④　恽代英:《恽代英文集》下册,人民出版社1984年版,第812页。
⑤　列宁:《列宁全集》第4卷,人民出版社1992年版,第315页。
⑥　郑保卫:《中国共产党新闻思想史》,福建人民出版社2004年版,第31页。

践相密切联结起来,否则理论便成为空谈。然而实行革命行动而没有理论,也就要变成盲目的妄动……所以列宁说:'没有革命的理论,决不能有革命运动。'"①《新青年》作为中国共产党集中力量重点经营的宣传阵地,中共中央对它的期望是"使其根据马克思列宁主义的见地运用到理论和实际方面,作成有系统的多方面问题的解释"②,充分反映了早期中国共产党人在宣传工作中对马克思主义指导地位的坚持和维护。

在中国共产党早期办报实践中,涌现出以陈独秀、李大钊为代表的一批有着坚定信仰和丰富经验的马克思主义新闻理论家。陈独秀是中国共产党早期新闻事业的开创者,在他的主持下,中国共产党创办了《向导》等具有重要政治影响的报刊。陈独秀强调新闻工作者要有高尚的品格,他认为"新闻记者,是国民之导师",因此要勇于承担社会责任,"不为所挠,填海移山,行见教育精神,终有救国新民之一日"。③李大钊是中国共产党早期新闻事业的另一重要推动者,他先后主编或指导的报刊近二十种,撰写政论、时评等文章三百多篇,有着丰富的办报经验。李大钊新闻思想中最为突出的是提出了"察其变,搜其实,会其通"的办报三要义。其中,"察其变"强调要认真考察社会事务发展变化历程,"搜其实"主张用现实生活中的一个个事实证明社会发生的变化,"会其通"强调要深入分析事务发展变化的原因,掌握其本质和规律。此外,瞿秋白、蔡和森、毛泽东、恽代英、向警予、赵世炎等都为中国共产党早期新闻思想的形成贡献了智慧和力量。

---

① 瞿秋白:《列宁主义概论》,《新青年》不定期刊"列宁号"。
② 《中国共产党新闻工作文件汇编》上册,第19页。
③ 《今日教育之方针》,《新青年》第1卷第2号。

第二章

"记联"的诞生

20世纪二三十年代,日本军国主义步步紧逼的侵略行径引起中国人普遍愤怒,爱国志士纷纷著书立说,呼吁全国人民团结起来,抵抗侵略。但南京国民政府奉行"攘外必先安内"政策,对外妥协退让,对内强力压制。先后出台《指导党报条例》《指导普通刊物条例》《审查刊物条例》等文件,建立了越来越严格的新闻报刊审查制度,引起报业进步人士的强烈不满。"记联"就是在这样的历史背景下诞生的。

第一节 民族危机加深与新闻审查政策

中国和日本是隔海相望的邻国,有着悠久的交往历史。中国曾长期在各个领域领先于日本,但一直采取与邻为善的和平外交政策,从未占领过日本一寸国土。19世纪中后期开始,在腐朽的满清王朝统治下,中国逐渐落后于世界发展潮流,日本则通过明治维新一跃成为亚洲强国。日本发展起来后,对外扩张的野心逐渐膨胀。1872年,日本制定了武力侵占中国台湾岛的《处理台湾番地要略》,两年后,日本以台湾和琉球居民间的民间冲突为借口,出兵中国台湾,大肆残杀台湾同胞。事后,日本还向腐朽的清政府勒索了50万两"抚恤银",并强行将琉球国改为冲绳县,纳入日本版图。此后,日本的侵略野心步步升级,并于1887年制定了《征伐清国策》,计划"五年后发动对中国的侵略战争,一举吞并中国东北之辽南、山东之登州、舟山群岛、澎湖列岛、台湾及长江两岸10里以内的地区"①。甲午战争后,日本割占中国的台湾、澎湖列岛等领土,辽东半岛虽未得到,但日本获得了大量白银赔款,侵华野心进一步膨胀。第一次世界大战期间,西方列强忙于争斗,无暇东顾。日本认为这是其独霸东方的"天赐良机"。1915年,日本政府向袁世凯提出旨在将中国变成其附属国的"二十一条",并强占了德国在山东的权益。日本的侵华活动延伸到了中国腹地。

1927年6月,日本召开了臭名昭著的"东方会议",将侵华战略进一步升级。在这次会议上,日本首相田中义一炮制了一套旨在加快侵华进程的《对华政策纲要》。在"东方会议"中,田中义一向日本天皇呈奏了一份野心勃勃的机密文件,史称《田中奏折》。这份文件的原文已不可见,但是在1929年12月,南京《时事月报》公布了《田中奏折》的中译本②,田中义一在奏折中放言:"欲征服中国,必先征服满蒙;欲征服世界,必先征服中国。"③《田中奏折》公开后,举世哗然,国际舆论一致谴责日本的狼子野

---

① 何理:《中国人民抗日战争史》,上海人民出版社2015年版,第5页。

② 该中译本来自在东京的爱国商人蔡智堪,蔡智堪与日本政要来往密切,同时又是张学良秘书王家桢的好友,受王家桢所托,蔡智堪利用日本政界派系矛盾,化装成工友,潜入日本皇家书库,秘密抄录了《田中奏折》原文,经王家桢转交张学良。此文当即被翻译成中文,送到南京国民政府。参见《中国人民抗日战争史》,第9页。

③ 夏征农、陈至立主编:《大辞海》中国近现代史卷,上海辞书出版社2013年版,第499页。

心,日本政府则极力否认有这份奏折存在。因无法找到原本,《田中奏折》成为中日关系史上的一个悬案。但是,从日本事后对外侵略的步骤看,其所作所为与《田中奏折》如出一辙。无论如何,当时日本"征服满蒙""征服中国"的狂妄野心是昭然若揭的,《田中奏折》中的扩张战略"绝不是个别人的思想,它代表日本垄断资产阶级向外扩张的意志,反映了部分军国主义分子的侵略要求"①,是日本军国主义大陆政策的一贯主张。

"东方会议"制定的侵华政策出台后不到一年便付诸行动。1928 年 4 月,日本再次出兵中国山东;5 月制造了济南惨案;6 月,日本在判定东北军阀张作霖不受自己控制、对日本侵华战略不利的情况下,制造了"皇姑屯事件",炸死了张作霖。1931 年 9 月 18 日,日本关东军进攻沈阳,由于南京国民政府的"不抵抗"政策,日本在一夜之间占领沈阳城,并向东北其他主要城市进发。1932 年 1 月,日本占领锦州,至此,日本只用了三个多月时间就占领了整个东北三省。此后,日本调集精锐部队驻扎东北,对华北虎视眈眈,并企图在上海制造事端,中华民族处于生死存亡的危急关头。

日本军国主义侵华行径引起了国内爱国志士的强烈愤慨,他们纷纷著书立说,呼吁全国人民团结起来,坚决抵抗日本帝国主义的侵略。但是,南京国民政府却在奉行"攘外必先安内"的卖国政策,对日本侵略罪行不予抵抗,全力"围剿"号召抗日的红军,这不能不引起有识之士的批判。为了压制广大群众的反对意见,推行独裁统治,南京国民政府制定了越来越严格的新闻审查制度。1928 年,南京国民政府先后公布了具有法律效力的《指导党报条例》《指导普通刊物条例》和《审查刊物条例》,规定:"各刊物立论取材,须绝对以不违反本党之主义政策为最高原则","必须绝对服从中央及所在地最高级党部宣传部的审查"。②1929 年 1 月,国民党中央执委会常务会议通过了专门的《宣传品审查条例》,强调党内外报纸及

① 章伯锋:《〈田中奏折〉的真伪问题》,《历史研究》1979 年第 2 期。
② 赵凯、丁法章、黄芝晓主编:《二十世纪中国社会科学》新闻学卷,上海人民出版社 2005 年版,第 80 页。

通讯稿等七类宣传品均需接受国民党各级宣传部的审查,而审查标准则是国民党的政治纲领。1929年3月召开的国民党第三次全国代表大会宣布实施训政,并通过了《确定训政时期党、政府、人民行使政权治权之分际及方略案》。随后,国民党明确了中央宣传部的所属机构,包括:编撰科、指导科、国际科、征集科、出版科、总务科、中央图书馆、中央通讯社、中央无线电台、中央印刷所及直辖党报等。①在人员配备方面,国民党任命顾孟余等为国民党宣传部宣传委员②,加强了领导力量。

强化了新闻主管部门的组织架构和人员后,国民党对新闻界的管控进一步收紧。1930年8月,国民党在第四次全国代表大会召开前下发给下级党部的讨论提纲中专门列出了"改进党的宣传方略并确定新闻政策案"一项,其用意在于督促党员思考"如何使人民乐于接受本党的宣传、如何使本党的宣传能消灭一切反动思想,以及如何扩大本党的国际宣传"③等问题。1930年12月,国民党通过国民政府颁布了《出版法》,规定所有的书刊在发行前必须申请登记,批准后方可出版,涉及"党义"、政治等方面的图书必须要送到国民党中央宣传部审查。国民党的出版物审查制度执行得很严格,据统计,仅1929年至1931年,国民党查禁的书刊就有531种。④1931年11月,国民党第三届中央执行委员会第二次临时全体会议通过了《改进宣传方案》。同月召开的国民党第四次全国代表大会上通过了《对于第三届中央执监委员会党务报告之决议案》。决议案强调:"今后对于本党自办之通讯社及日报切实严加整顿,以收实效;并须设法运用私人办理之新闻机关为本党宣传上之辅导。"⑤企图通过增强国民党的新闻宣传力量提升对新闻舆论的控制力。

① 荣孟源:《中国国民党历次代表大会及中央全会资料》上册,光明日报出版社1985年版,第744—745页。
② 同上书,第886页。
③ 《第四次全国代表大会议题讨论大纲》,《中央党务月刊》第37期,第1757—1758页。
④ 李瑞良:《中国出版编年史》,福建人民出版社2006年版,第973页。
⑤ 荣孟源主编:《中国国民党历次代表大会及中央全会资料》下册,光明日报出版社1985年版,第42页。

中国共产党创办的刊物是国民党的重点查禁对象。在1929年国民党出台的《宣传品审查条例》中,明确将"宣传共产主义及阶级斗争者"列入"反动宣传品"一类。1929年6月,国民党还专门公布了针对中国共产党的《取缔共产党书籍办法令》,要求各地严格查禁宣传共产党思想主张的出版物。国民党对共产党报刊的查禁力度之大,从鲁迅的《黑暗中国的文艺界的现状》一文中可见一斑:"禁期刊,禁书籍,不但内容略有革命性的,而且连书面用红字的,作者是俄国的……也都在禁止之列。"①由于缺乏严格的判断标准,国民党对共产党宣传物的审查范围越来越广,稍有可能与共产主义相联系的文字都被判定为违禁。据北平公安局统计,从1931年11月30日到1932年2月24日(中缺1931年12月27日至1932年1月3日)短短69天内,邮电检查员扣留、销缴有关时局平信、日电报,并宣传共产党各种"反动"刊物、报纸达7 280种。②除此之外,国民党肆意杀害共产党员和其他进步新闻人士。如1928年3月,向警予在武汉被国民党杀害,1931年2月,"左联"青年作家李求实、柔石、胡也频、冯铿和殷夫等被国民党杀害。

即便是新闻出版制度相对宽松的上海租界,也在九一八事变之后加强了新闻审查力度。1931年11月,法租界发布了修订后的《上海法租界发行印刷出版品定章》,"首次增加了处以罚金这一条,把受罚的人群扩大到流通领域,对送报的人也要进行惩罚"。③1933年6月,法租界又出台了《上海法租界公董局管理界内私立无线台播音台章程》,规定了电台内容的审查标准,并要求租界内的私人广播电台必须事先向法总领事提出申请④,而能否得到总领事批准的最重要标准是电台节目是否涉及敏感政治问题。对于在租界内散发的宣传革命和抗日思想的传单、小册

① 鲁迅:《国学杂谈》,北京理工大学出版社2020年版,第180页。
② 张静庐:《中国现代出版史料》乙编,中华书局1957年版,第173页。
③ 倪延年主编:《民国新闻史研究(2016)》,南京师范大学出版社2016年版,第435页。
④ 郑潇:《上海法租界传媒审查制度(1919—1943年)》,上海大学2015年博士学位论文。

子、小报等出版物,上海租界当局将其视为不安定因素。租界工部局新闻处处长与一些报刊编辑谈话,提醒他们注意工部局关于发表不正确的报道和有煽动民众情感倾向的文章的意见,租界总董麦克诺登警告说:"在某种程度上,这是由于各家小报发表了骗人的不真实的消息引起的。"①并建议工部局采取行动禁止此类报纸的发行。麦克诺登认为,虽然某些声誉较好的中国报刊得到了捕房的特别保护,但是如果工部局不能说服他们不能发表有异议的言论,工部局应该考虑撤销这种保护。可见,在20世纪30年代,上海租界的新闻审查制度也日趋严格。

第二节　"记联"前身"中新会"的成立

哪里有压迫,哪里就有反抗。在南京国民政府对新闻自由的严厉压制下,上海新闻界对国民党新闻审查政策的不满情绪日益高涨,越来越多的进步记者和编辑在思想上倾向于马克思主义新闻理论,成立中国马克思主义新闻思想研究团体的条件日趋成熟。1931年10月21日②,中国

---

① 上海市档案馆:《工部局董事会会议录》第25册,上海古籍出版社2001年版,第544页。

② 关于"新研会"成立的具体日期,学界有两种说法:一说是1931年10月23日(参见《中国出版史料补编》,第307页;中国社会科学院新闻研究所编:《中国新闻年鉴(1984)》,人民日报出版社1984年版,第52页;李华兴主编:《近代中国百年史辞典》,浙江人民出版社1987年版,第126页;方晓红:《中国新闻简史》,南京师范大学出版社1996年版,第172页;《中国新闻事业史》,第265页;陈力丹:《马克思主义新闻学词典》,中国广播电视出版社2002年版,第219页;齐卫平、朱敏彦、何继良:《抗战时期的上海文化》,上海人民出版社2015年版,第78页)。另一说是1931年10月21日(参见胡道静:《上海新闻事业之史的发展》,上海市通志馆1935年印,第78页;方汉奇:《中国新闻事业通史》第2卷,中国人民大学出版社1996年版)。笔者查阅《文艺新闻》第33号刊载的《中国新闻学研究会成立宣言》原文,最后一句是"一九三一,一〇,暴日占领东三省后一月另三天",考虑到日本完全"占领东三省"是在1932年初,这里的"暴日占领东三省"应指日本开(转下页)

第一个专门研究马克思主义新闻学的社团①——中国新闻学研究会（以下简称"中新会"）在上海正式成立。"中新会"成立时会员有四十多人，主要是上海《申报》《新闻报》《时报》的进步记者，以及上海民治新闻学校、复旦大学新闻系的一些师生。中国共产党早期领导人瞿秋白、邓中夏曾参与和指导学会的活动，实际领导者应当是著名情报工作人员袁殊②。

　　"中新会"是在《文艺新闻》③的倡导下建立的，《文艺新闻》周刊的工作人员是"中新会"的骨干。《文艺新闻》于 1931 年 3 月 16 日在上海创刊，是一张 8 开铅印的周报，创办人和主编是袁殊。《文艺新闻》最初每号 4 版，后来增加至 6 版，1932 年 6 月 20 日出自第 60 号停刊，创刊时每期发行 300 份，很快就突破了 8 000 份。④《文艺新闻》的办刊宗旨是："要在

（接上页）始"占领东三省"。那么，当时的人们是否知道日本开始侵占东三省的准确日期呢？答案是肯定的。查阅上海著名的《申报》，在 1931 年 9 月 20 日刊登了大量报道"日军大举侵略东省"的消息，报道中，《申报》清楚说明事件发生于"十八日下午十一时"（参见《国内要闻：日军大举侵略东省》，《申报》1931 年 9 月 20 日），亦即 1931 年 9 月 18 日。以《申报》的影响力、"中新会"成员的专业素质及其对该事件的高度重视，这一日期是不会搞错的。那么，文中的"暴日占领东三省后一月另三天"指的应为 1931 年 10 月 21 日。基于此，笔者采信第二种说法。需要说明的是，段勃在《中国最早研究无产阶级新闻学的社团》一文中也指出了这个问题（参见《编辑之友》2011 年第 8 期），但其并没有论证当时的人们是否准确知道"日本占领东三省"是 1931 年 9 月 18 日，给出的论据不够充分。

① 在此之前，中国成立的专门以新闻学为研究对象的学术团体有北京大学新闻学研究会、上海报学社、北京新闻学会、北京平民大学、复旦大学新闻系新闻学会等，但从现有资料看，这些团体都没有明确提出要将马克思主义新闻学作为主要研究内容（参见段勃：《中国最早研究无产阶级新闻学的社团——从中国新闻学研究会到左翼新闻记者联盟》，《编辑之友》2011 年第 8 期）。

② 关于"中新会"的实际领导人，现有的研究资料并未提及。笔者查阅史料发现，1932 年《文艺新闻》第 57 号发表了一篇以"中新会"负责人口吻撰写的文章——《中国新闻学研究会之过去及批判与今后企图：致南京黎圣伦并致各地同志》，文章末尾署名"袁殊"，考虑到袁殊是《文艺新闻》的创办人和主编，以及《文艺新闻》与"中新会"有着密切联系，笔者认为"中新会"的实际负责人就是袁殊。

③ 值得注意的是，历史上还有两个名为《文艺新闻》的出版物，一个是 1939 年于上海创办的《文艺新闻》周刊，1939 年 11 月 26 日第 5 号起改为半月刊，发行人和主编为蒋策，另一个是 1946 年 2 月在广州创刊的《文艺新闻》旬刊。

④ 《中国新闻事业通史》第 2 卷，第 528 页。

文化的进程中,服役于文艺界,学术界,出版界,如一般新闻纸之社会的存在一样,成为专门于文化的时效之新闻纸。以绝对的新闻的立场,兴新闻之本身的功用,致力于文化之报告与批评。"①基于此,《文艺新闻》主要刊载一些关于文学、出版、美术、电影等文化领域的新闻和评论。虽然《文艺新闻》"首先还是要像刊物名字所说的一样,专门报道新文化界的消息,反映进步的文化思想"②,但是在政治上,《文艺新闻》同样表现出很大的进步性,1931年该刊率先披露了"左联"青年作家李求实、柔石、胡也频、冯铿和殷夫等遇害的消息,赢得了上海文化界的广泛赞赏,对国民党造成了一定舆论压力。

在"中新会"正式成立前三天,《文艺新闻》第32期"每日笔记"栏目登载了一条招募会员的简讯。全文为:"近有少数有志于新闻学者,发起组织'中国新闻学研究会',即日开始征求同志。"③这条短讯在"每日笔记"栏目六条信息中排在第一位,足见《文艺新闻》编辑对其的重视,同时,短讯中并没有指明任何联系"中新会"的方式,这无异于在告诉读者:《文艺新闻》编辑部是联系"中新会"的唯一途径。透过这条简短的信息,我们可以看到《文艺新闻》与"中新会"之间非比寻常的关系。

"中新会"成立五天后,《文艺新闻》第33期④又刊登了《中国新闻学研究会宣言》(以下简称"《宣言》")。在《宣言》中,"中新会"对当时上海的资产阶级新闻学进行了猛烈抨击:

> "新闻学"这一名词,在中国学术领域里之被公认,还仅是十数年来的事,在这短促的十数年的过去历史中,它——新闻学——是和中国一切同时的新兴开始建立的其他学术一样,并没有任何具

---

① 袁殊:《文艺新闻之发刊》,《文艺新闻》第1号。

② 《丁淦林文集》,第39—40页。

③ 《每日笔记》,《文艺新闻》第32号。

④ 关于《中国新闻学研究会成立宣言》在《文艺新闻》上的刊登期号,马光仁在其论著《马光仁文集》中标注的是第23期(参见马光仁:《马光仁文集》,上海社会科学院出版社2013年版,第280页),这并不准确。查阅《文艺新闻》原件即可发现,该文刊登于《文艺新闻》第33号。

体的成效；甚且是更较其他的学术还要落后地逗留在幼稚状态的初期。虽然，在书坊的出版物里，我们是可以找到十种以上的新闻学的著作；但那些因为都是偏于概论的，所以它的功效也只能使人除了知道"新闻学"三字以外，就不能供给我们对新闻学的更详尽的、理论的与技术的诸般知能之获得。新闻教育方面，虽然我们也可以提出三数个设有新闻学专科的大学；但是那有些是完全忽略了中国的文化进程与中国的社会背景，而只是愚盲地的追从黄金的美国，接受那无补于中国的实需的纯资本主义化的报业教育。有的则是奉崇"老吃报馆饭的"报屁股编辑、小说记者或礼拜六派大文豪等，以之为前辈先师。前者是为帝国主义者制造听命于他而来侵略中国文化、毒害中国社会的狗类；后者则是为他们那种人生殖自己的后辈，而承袭一切旧的残留的封建、宗法。这些，就是我们目前阶段新闻学的实际！①

《宣言》明确地指出了上海当时新闻思想的资本主义本质：

　　几种所谓大报的经营，在次殖民地的半封建的经济情况下，在买办阶级及统治者的手里，做着被御用的代言者，并向广大的社会群众，尽其卑劣的欺骗作用。加之：技术的落后，机械设备之不全；理论的缺乏，工作人的腐朽昏庸；职业饭碗的把持，对新进拒绝摧残；于是就被产生了这不是属于大众的而大众在无报可看的时候不得不看的今日的报。最近，又因步随了社会经济的进展，使中国的新闻业更渐进于资本主义化，于是又有了所谓"托辣司"的组织；正向着更危机的前途。这就是我们目前阶段的新闻事业的外形与内质！②

《宣言》直言，成立"中新会"的原因是对旧新闻学的不满足和对旧新闻业的不信任。在批判资产阶级旧新闻学的同时，《宣言》阐释了"中新会"所主张的马克思主义新闻学思想：

_____

① ②　《中国新闻学研究会成立宣言》，《文艺新闻》第33号。

新闻之发生,是依据于社会生活的需要;社会生活的整体,是基于被压迫的广大的万万千千的社会群众。所以我们除了致力新闻学之科学的技术的研究外,我们更将以全力致力于以社会主义为根据的科学的新闻学之理论的阐扬。"新闻价值"原是以最大多数读者之喜爱与否而确定;新闻之工作者:自研究而从业,亦必须以最大多数人之利弊为依归。我们认识这新闻学之研究的意义,我们要以对新闻之志愿与坚决的信心,投于这一巨艰的伟大前程。统一起中心的目标与意志,循着大的社会进化之征轮的踪迹,建立新闻学的基础,推进新闻学运动的开展,这就是我们今后的任务。①

总结起来,"中新会"主张的马克思主义新闻学观点主要有以下五点:(1)新闻之发生,是依据于社会生活的需要;(2)在阶级社会里,一切阶级的现象和现实,是新闻产生的源泉;(3)新闻价值原是以最大多数读者之喜爱与否而确定。新闻工作者,自研究而从业,亦必须以最大多数人之利弊为依归;(4)在资本主义社会下,所谓新闻事业已成了某阶级压迫、麻醉、欺骗某阶级的工具,我们要将现实统治阶级的压迫与欺骗及一切麻醉无情地揭发与暴露,来建立依于大众利益的新闻事业;(5)主张新闻大众化,致全力于充实社会大众的新闻文化。②

"中新会"在《文艺新闻》第60号第6版"集纳版"上刊登了其执委会通过的会员研究纲要《在这纲要指示下努力于新闻研究》,并公开阐明了"中新会"的研究原则及内容:

研究原则:(1)从事于认识、研究并批判目前为止的过去的新闻学及新闻事业之历史的社会的存在,由是而(2)从事于探讨并求建立目前客观需要上的新兴新闻学及新闻事业上有历史价值的基础理论。

① 《中国新闻学研究会成立宣言》,《文艺新闻》第33号。
② 梁家禄:《中国新闻事业史》(古代至1949年),广西人民出版社1984年版,第306—307页。

研究的内容:(1)关于原则之一者——清算过去新闻学一切书籍及各国记录过去新闻事业的史册,并不可忽略各国各记者或新闻家之著作与生平事迹,由分析各个当时的政治形态及社会生活,而取得其结论,在各种新闻机关之组织形态,经营方式,记事之采访的标准上取得研究的材料;(2)关于原则之二者,观察目前的社会生活的诸般现象,在阶级对立及其斗争日趋于锐化的斗争行动中,审视现代新闻的阶级性,确定其存在的根据,并社会大众需要的程度。①

"中新会"不仅在理论上积极宣扬和发展马克思主义新闻思想,还通过实践活动主动践行"推进新闻学运动"的宗旨。1931 年,上海《时事新报》"将共休戚同患难关系达十数年之久的编辑全体十分之九的同人无故解职"②,引起了上海新闻界的轩然大波。"中新会"坚定站在被解职报业同人的立场,通过公开事件过程、组织声援活动等方式积极调解,并公开发表宣言号召广大新闻从业者联合起来反对资本家对报界的操纵,"中新会"呼吁:

希望时事新报离职同人及现在各大报馆工作的人员,认清我们的敌人——资本家,买办阶级,资本主义社会,一致地起来,施以体无完肤的总攻击。因为这才是我们正当的出路,循着此路前进可以达到我们光明的目的——言论自由,中国新闻事业的进步……本会同人,力量虽甚微弱,但对此攸关中国新闻事业前途的事变,自觉义不容辞,甘为打倒操纵报界的资本家的前锋。③

"中新会"呼吁广大新闻工作者联合起来不仅是为了反对资本家的统治和剥削,也是为了反对帝国主义的压迫。1932 年 4 月,"中新会"在《文艺新闻》上发表《檄全国新闻记者》一文,公开号召:

现在,我们以最大的诚挚的信心,谨公开的檄告我新闻界全体从

---

① 新闻学研究会:《在这纲要指示下努力于新闻研究》,《文艺新闻》第 60 号。
② 袁殊:《时事新报编辑同人解职风潮》,《文艺新闻》第 35 号。
③ 新闻学研究会:《新闻学研究会宣言 时事新报被辞同人》,《文艺新闻》第 35 号。

业的同志,赶速的集合,组织起来,从研究到行动,负起新闻界对社会所应负的任务,并谋充实有效的忠尽我们的职责。当此国将亡,族将灭,全人类濒危于二次世界大战之今日千钧一发之秋……同志们你还在犹豫迟疑吗?东北、上海、江湾、吴淞……各地被日本帝国主义所屠杀的中国民众及革命的士兵们所流的血、所积的尸,在威逼着我们啊!"毛锥是宝刀",我们有我们的武器。来吧,在一致的团结之下,我们来习练、来研究这"宝刀"的出处吧,全国的新闻界同志们团结起来!①

此外,"中新会"还创办过一个用于会员实习的小规模的国际新闻社,每天给上海当地的报馆发稿,"但是由于实习会员时间有限和经济方面的原因,发稿内容很不充实,被报馆采用的也很少"。②"中新会"同时办有新闻通讯研究所,袁殊在 1932 年 5 月 30 日《文艺新闻》第 57 号的《中国新闻学研究会之过去及批判与今后企图:致南京黎圣伦并致各地同志》一文中声明该所是"用通讯的方式和新闻学同志作研究工作",而非所谓"专家"或"学者"举办的"面授学校"。从现有的史料看,"中新会"在该文发表后不久就停止了活动,其主要成员也转到了新成立的中国左翼新闻记者联盟中。

第三节　"记联"的成立

中国左翼新闻记者联盟(简称"记联")于 1932 年 3 月 20 日在上海成立,瞿秋白、邓中夏、潘梓年等人参与领导了该组织的成立。在"记联"成立大会上,通过了《中国左翼新闻记者联盟斗争纲领》《开办国际新闻社传播革命消息》《广泛建立工农通讯员》和《开展工厂、学校、兵营的墙报活

---

① 新闻学研究会:《檄全国新闻记者》,《文艺新闻》第 51 号。
② 段勃:《中国最早研究无产阶级新闻学的社团——从中国新闻学研究会到左翼新闻记者联盟》,《编辑之友》2011 年第 8 期。

动》等几项决议。

按照"记联"的组织纲领,联盟下设有大会或代表会、执委会、常委会、专门委员会等机构。同时,"记联"计划在各地新闻杂志通讯社内建立支部,或者将几个支部联合起来建立地方同盟。"记联"组织纲领还规定:"联盟大会或代表会半年一次,执委会一月一次,常会每周一次。"①

"记联"是在"中新会"的基础上成立的,后者"对于记联的成立在理论准备与团结推动上曾起了相当的作用"②。"中新会"有很多成员参与"记联"筹建工作、成为"记联"骨干成员并将主要精力投入"记联"工作中,因此,在"记联"成立后不久,"中新会"的活动就停止了。

那么,为什么要成立"记联"呢? 其成立宗旨是什么呢? 现有研究资料中最早记述"记联"历史的是署名为"古钟"的《中国左翼新闻记者联盟史略》一文,收录在 1957 年中华书局出版的《中国出版史料补编》中。在该文中,"古钟"写道:

> 一九三二年日本帝国主义者继"九一八"之后,在上海发动了"一·二八"的进攻,中国共产党首先主张武装抵抗,并且领导了全国人民的抗日运动和抗日战争,在狂热的反日运动中,不仅爱国的新闻工作者投身于伟大的抗日行列,即以超然自命为"无冠帝王"的资产阶级的代言人,眼见国民党反动政府的不抵抗主义也愤激于民族危机的热情,这时在党所教育下的一些进步的新闻工作者,便筹组了中国左翼新闻记者联盟。③

可见,在"古钟"看来,成立"记联"的主要宗旨是反抗日本帝国主义侵略。笔者认为,反抗日本帝国主义侵略的需要固然是"记联"的一个宗旨,但这个宗旨所反映的更多的是一种社会背景因素,它并不是成立"记联"的最核心目标。在笔者看来,"记联"成立的根本宗旨是在中国传播和践行马克思主义新闻思想。

---

① 《中国左翼新闻记者联盟行动纲领及组织纲领》,《集纳批判》第 2 号。
② 张静庐:《中国出版史料补编》,中华书局 1957 年版,第 307 页。
③ 同上书,第 306—307 页。

　　尽管在"记联"的一手史料中，并没有一段文字明确地阐述其成立宗旨，但是一个组织的宗旨总是与其行动纲领联系在一起的，从一个组织的行动纲领中，我们可以推断出该组织的成立宗旨。1934 年 1 月 21 日，在"记联"机关刊物《集纳批判》上刊载的"记联"行动纲领如下：

　　（1）争取言论出版的绝对自由。

　　（2）否认现行的出版法及新闻法与各种国民党中央或地方机关新闻检查邮电检查等一切束缚压制新闻文化之发展的法令。

　　（3）争取新闻事业在一切交通机关——航空航海铁道邮电——的无条件的绝对便利。

　　（4）粉碎并摘发一切反动新闻托辣斯国民党法西斯蒂各种各色官僚军阀的走狗报及其御用的走狗记者之欺骗与其存在。

　　（5）坚决执行新闻大众化，发动全国的工场新闻、农村新闻、军营新闻、学校新闻、街头壁报等的阶级新闻运动。并努力促其深入普遍的实践，以期使其成为鼓动大众组织大众之武器。

　　（6）促动并充实苏维埃政府新闻事业之发展。

　　（7）团结全国的劳苦记者及报馆印刷者反对帝国主义者的、封建的、法西斯蒂化的一切拥护帝国主义资本家的及豪绅地主的反动新闻学及其黄色新闻纸。

　　（8）争取绝对保障记者之生活与生命。

　　（9）彻底反对恶劣待遇。

　　（10）制定记者动务法。

　　（11）制定记者健康保护法，务须达到绝对必须的生活标准，进而谋提高职务上之地位。

　　（12）提高各地报贩及报馆印刷工友之生活待遇与职业保障。

　　（13）以科学的唯物辩证法的立场，认识批判过去布尔乔亚（即bourgeoisie，资产阶级，笔者注）的新闻学与新闻事业之社会基础与阶级的存在。

　　（14）建立探讨普罗利他列亚（即 prolétariat，无产阶级，笔者注）

的新闻学与新闻事业之基础理论。

（15）彻底和反动阶级的新闻、杂志、通讯事业作坚决的斗争。①

在"记联"行动纲领中，第 13 条强调新闻工作要坚持"唯物辩证法的立场"，在第 5 条和第 14 条中更是直接提出要推动"苏维埃政府新闻事业"发展、"建立探讨普罗利他列亚的新闻学"，这些都是马克思主义新闻思想的基本内容。在全部的十五条行动纲领中，与马克思主义新闻思想密切相关的占一半以上，如第 2 条"否认现行的出版法及新闻法"、第 4 条"粉碎并摘发一切反动新闻托辣斯"、第 5 条"坚决执行新闻大众化，发动全国的工场新闻、农村新闻、军营新闻、学校新闻、街头壁报等的阶级新闻运动"、第 6 条"促动并充实苏维埃政府新闻事业之发展"、第 7 条"团结全国的劳苦记者及报馆印刷者反对帝国主义者的、封建的、法西斯蒂化的一切拥护帝国主义资本家的及豪绅地主的反动新闻学"、第 13 条"以科学的唯物辩证法的立场"、第 14 条"建立探讨普罗利他列亚的新闻学"等，此外，第 8 条、第 9 条、第 10 条、第 11 条和第 12 条中关于保障记者安全、提高记者待遇的内容，也是马克思主义维护工人阶级利益思想的具体表现。可见，"记联"行动纲领反映出的根本宗旨是在中国传播、发展和实践马克思主义新闻思想。至于"反抗日本帝国主义侵略"的思想，仅仅是在第 7 条中有所涉及，因此，把"记联"成立的宗旨视为"反抗日本帝国主义侵略"的观点是不够准确的。

对"记联"主要宗旨的谨慎判断并不是一件无足轻重的小事，事实上，这直接关系着"记联"的组织性质和历史价值问题。如果仅仅将其看作是一个"反抗日本帝国主义侵略"的记者协会，那么"记联"只不过是民国时期在上海成立的众多爱国组织中很普通的一个，即便是在新闻团体中也不突出，从时间上看，它没有 1909 年成立的上海日报公会早，从影响上看，它没有上海新闻记者公会大。那么，这样历史评价是不是与历史事实相符呢？笔者并不这样认为。"记联"及其前身"中新会"是中国历史上第

---

① 《中国左翼新闻记者联盟行动纲领及组织纲领》，《集纳批判》第 2 号。

一个扛起马克思主义新闻思想旗帜的社会团体,在马克思主义新闻思想的若干领域,"记联"进行了富有远见的探索和阐释,并将马克思主义新闻思想运用于撰写新闻报道和组织新闻团体的实践工作中,具有重要的历史开创意义。可以说,在中国马克思主义新闻思想发展史中,"记联"及其前身"中新会"书写了绚丽夺目的一笔。

第三章

"记联"的主要活动

　　民国时期社会动荡不安,新闻从业人员不仅待遇差,言论自由没有保障,甚至连生命安全也时常遭受威胁。邵飘萍、黄远生、林白水、刘书舟、史量才等著名报业进步人士接连被军阀逮捕杀害或遭到特务暗杀。"记联"成立后,一方面致力于维护新闻工作者的合法权益,争取新闻自由,另一方面,在深刻批判资产阶级新闻思想基础上,积极探索宣传马克思主义新闻思想。

第一节　维护记者合法权益

　　民国时期是中国近代新闻事业快速发展的历史时期,涌现了大量报纸、杂志、通讯社等新闻机构,新闻从业人员数量猛增。上海图书馆制作的《民国时期期刊全文数据库(1911—1949)》数据库显示,民国时期出版的期刊数量超过25 000 种。另据全国图书馆文献缩微复制中心及其成员馆公布的数据,目前已经掌握的民国时期文献数量为图书 71 755 种、期刊 15 351 种、报纸 4 361 种。这一时期,全国从事新闻出版的人员有 5 万人左右,仅上海的商务印书馆,在极盛的时候,就有员工 5 000 多人。①可见民国时期新闻业的繁荣景象。

然而,在这种表面繁荣的背后,也隐藏着新闻工作者的种种无奈和艰辛。有学者甚至认为,民国时期是新闻出版业发展最为艰难的时期。②

民国时期新闻出版公司受社会动荡影响,收入来源很不稳定,给从业人员发放的薪水通常较低。当时的新闻学者戈公振在《中国报学史》中曾详细列明了一个上海普通报社各个层级人员的收入。具体如下:经理月薪 300 元左右,总编辑(亦称总主笔)月薪 150—300 元,编辑长(亦称理事编辑)月薪 150 元左右,要闻编辑月薪 80 元左右,地方新闻编辑月薪 80元左右,特派员月薪 100 元左右,翻译月薪 50—80 元,校对月薪 20 元左右,译电人月薪 20 元左右,本埠编辑(亦称城市编辑)月薪 80 元左右,特别访员月薪 40—60 元,体育访员月薪 30 元左右,普通访员月薪 10—30元,副版编辑月薪 60 元左右,营业部长月薪 100 元左右,经营人员月薪30 元左右,排字、印刷人员月薪 10—20 元,印刷主管月薪 40 元左右,铜版、锌版制作技术员月薪 30—40 元。③据统计,当时上海普通工人家庭平均每月用于食物、房租、燃料等基本生活费用的支出为 37.86 元。④可见,一些新闻出版从业人员的收入水平尚不足以支付家庭基本生活开支。相较于当时同为知识阶层的大学教师而言,新闻出版行业的收入水平明显偏低。以同处于上海的同济大学教师为例,教授分为九级,最高一级月薪600 元,最低一级月薪 420 元,副教授最高一级月薪 400 元,最低一级 300

---

①② 陆高峰:《民国时期新闻出版人从业生态》,《编辑之友》2017 年第 8 期。

③ 戈公振:《中国报学史》,中国传媒大学出版社 2016 年版,第 200—201 页。

④ 张忠民:《近代上海工人阶层的工资与生活——以 20 世纪 30 年代调查为中心的分析》,《中国经济史研究》2011 年第 2 期。

元,讲师最高一级 300 元,最低一级 200 元,助教最高一级 200 元,最低一级 80 元。①也就是说,新闻出版行业总编辑岗位的月薪只相当于大学讲师和助教的收入水平。对此,戈公振感叹道:"以今日生活程度之高,而薪水之少如此(此就上海而言,他处恐尚不及此数),其不能养廉必矣。"②这也是不少新闻记者不得不在外兼职取薪的重要原因。

民国时期新闻从业者不仅薪资水平低,而且工作没有保障,报社可以随意辞退记者。《大公报》所属《国闻通讯社》记者在抗战一爆发就和同事一起被辞退,他在回忆录中说:"我骤尝失业之苦,一家六口素无积蓄,赖三个月遣散费艰难度日。"③以当时记者的收入,大多家中无甚积蓄,一旦失去收入来源,整个家庭的生活都成了问题。《天津益世报》在 1934 年曾刊载了一个新闻记者家庭的悲惨故事:秦理齐是《申报》的一名记者,后因胃病不幸身故,其妻与两名年幼的儿女全部自杀。"从当时社会动荡、底层谋生艰难来看,一家妇幼三口在失去生活来源的情况下,除谋生的压力还有什么因素足以引起她们厌世。"④民国普通新闻记者处境之艰难可见一斑。

民国时期的新闻记者不仅面临着收入低、工作不稳定的生活问题,而且还要承受随时可能被特务暗杀、生命安全没有保障的巨大风险。统计数据显示,民国时期遇难的新闻工作人员数量高达千人。⑤比较著名的事件有:商务印书馆创办人之一夏瑞芳在 1914 年遇刺身亡,民国初期新闻界"三杰"之一黄远生在 1915 年被暗杀,《京报》创办人邵飘萍在 1926 年被奉系军阀逮捕杀害,《新社会报》社长林白水在 1926 年被军阀张宗昌逮捕杀害,《江声报》的刘煜生于 1933 年被杀害,《申报》总经理史量才于 1934 年被暗杀等。

---

① 李艳莉:《崇高与平凡——民国时期大学教师日常生活研究(1912—1937)》,华中师范大学 2015 年博士学位论文,第 127 页。

② 戈公振:《中国报学史》,中国传媒大学出版社 2016 年版,第 202 页。

③ 李彬:《中国新闻社会史》,清华大学出版社 2008 年版,第 250—251 页。

④⑤ 陆高峰:《民国时期新闻出版人从业生态》,《编辑之友》2017 年第 8 期。

　　为了维护合法权益,上海新闻界团结起来奋起反抗,相继成立了各类新闻团体。其中影响较大的有上海日报公会、上海记者联欢会、上海新闻学会、上海报学社、上海报界工会等。以上海报界工会为例,它成立于1926 年 12 月,其宗旨是"维护报馆工人合法权利,为工人谋取福利"。1927 年 5 月,上海报界工会召开改组成立大会,参加这次大会的各报社工人代表有 160 多人,选举了陈庆荣等 11 人为执行委员,常委有 3 人,分别是陈庆荣、费曼清和唐海泉。为了服务于报界工人,上海报界工会创办了义务小学,学制四年,并创办了以报社工人为对象的《上海报界工会刊》。上海报界工会成立后,社会影响力日益壮大,到了 20 世纪 30 年代已经拥有会员 1 000 多人。九一八事变后,上海报界工会联合其他新闻团体联合发表通电,抗议日本帝国主义的侵略罪行。此外,报界工会三次发表宣言呼吁全国同胞行动起来进行斗争,并提出了十一条救国主张,包括"武装民众,对日宣战;不给日本人工作,不供应日侨饭食以及一切食品;处罚与日本勾结的奸商;收回日本政府在中国的特权,以及没收在华一切财产;反对内战,一致对外"①等,表现出了强烈的爱国情感。

　　在这种背景下诞生的先进新闻团体——"记联"义无反顾地投入维护新闻记者合法权益的斗争中,并且提出了明确的斗争纲领。在"记联"的行动纲领中,我们可以清楚地看到其对维护记者合法权益的重视。"记联"正式通过的十五条行动纲领中,至少有五条与维护记者合法权益直接相关,如第 8 条"争取绝对保障记者之生活与生命"、第 9 条"彻底反对恶劣待遇"、第 10 条"制定记者动务法"、第 11 条"制定记者健康保护法,务须达到绝对必须的生活标准,进而谋提高职务上之地位"和第 12 条"提高各地报贩及报馆印刷工友之生活待遇与职业保障"等,占到了行动纲领总数的三分之一。从每条行动纲领的内容看,"记联"所要为新闻记者争取的合法权益是比较全面的,既有记者生命安全保障方面的,也有提高记者生活待遇方面的,还涉及记者的健康保护等。在维护记者权益的所有行

---

① 　贾树枚:《上海新闻志》,上海社会科学院出版社 2000 年版,第 541 页。

动纲领中,"记联"将"争取绝对保障记者之生活与生命"放在第一位,认为其是争取和维护新闻记者所有权益的前提和基础,对其格外重视。

"记联"对维护记者合法权益的重视,早在其行动纲领草案中表现得更加充分。这份刊载于《文报》第 11 期的《中国左翼报人联盟纲领草案》中拟定了九条行动纲领,内容如下:

(1)否认修正出版法及各种机关的新闻检查邮电检查等一切束缚压制新闻文化发展的法令。

(2)争取绝对言论自由,保障报人的生活与生命。

(3)对于帝国主义——特别是日本帝国主义、法西斯蒂及官僚军阀的机关报的荒谬言论及其走狗记者的欺骗,必须予以无情的打击,并消灭其社会的存在。

(4)争取新闻事业在一切交通机关的无条件的便利。

(5)发展中国大众所要求的新闻事业,并介绍新形态的苏联的新闻事业。

(6)提高记者报贩及报馆印刷工友之生活待遇。

(7)制定记者勤务法,与报人健康保障法,及印刷工友之生命保障条例。

(8)运用新闻大众化,发展全国的工场、农村、兵营、学校新闻,街头壁报等新闻运动。

(9)彻底和反动势力的新闻、杂志、通讯事业作坚决的斗争。①

在草案中的九条行动纲领中,有四条直接涉及维护记者合法权益,分别是:第 2 条"争取绝对言论自由,保障报人的生活与生命"、第 4 条"争取新闻事业在一切交通机关的无条件的便利"、第 6 条"提高记者报贩及报馆印刷工友之生活待遇"和第 7 条"制定记者勤务法,与报人健康保障法,及印刷工友之生命保障条例"等,占到了"记联"行动纲领综述的接近一半,其对维护记者合法权益的重视程度不言而喻。

① 《中国左翼报人联盟纲领草案》,《文报》第 11 期。

第二节　批判资产阶级新闻思想

作为民国时期左翼新闻记者团体的代表,"记联"的纲领并没有止步于维护记者合法权益,而是站在马克思主义和人民大众的立场上,深刻地批判了民国时期形成的资产阶级新闻思想。关于民国时期资产阶级新闻思想的形成原因及主要内涵,有学者分析说:"面对资产阶级报业发达,一方面,资产阶级幻想中国在辛亥革命后会走上独立发展资本主义的道路,在新闻理论上强调'言论自由',在报纸经营管理上主张走企业化道路,依靠广告维持;另一方面,资产阶级开始对新闻业进行理论上的总结,为了提高新闻从业人员的素质,新闻学研究和新闻学教育蓬勃兴起。"[1]

在"记联"之前,已经有一些进步记者和报业先驱对当时报业乱象进行过批判,并从不同角度提出解决问题的对策。曾担任《申报》记者、并主编过《少年中国》的黄远生认为,只有"言论独立"才能从根本上解决报业难题。其核心是主张新闻界言论不要有任何党派的立场和倾向,报纸不能受任何政党的操纵,以充分保障平民的言论自由。产生这种思想的直接原因是对民国时期各党报纸林立、互相攻讦现象的不满。他指出:"甲党之报,今赞成而前反对。乙党之报,则今反对而前实赞成……同此一人,而前后有尧桀之别;同此一事,而出入有霄壤之分……而断绝民意之生存。"[2]对于其中的危害,黄远生说:"可将一无辜良善之人,凭空诬陷,即可陷其人于举国皆曰可杀之中,盖一人杜撰,万报腾写,社会心理薄弱,最易欺朦也,至于凭臆造论,吠影吠声,败坏国家大事,更易为矣。"[3]因此,黄远生主张"言论独立"和"不党之言"。他说:"吾曹此后,将力变其主观的态度,而易为客观。故吾曹对于政局,对于时事,乃至对于一切事物,

---

[1]　胡太春:《中国近代新闻思想史》下卷,东方出版社2015年版,第540—541页。
[2]　黄远庸:《远生遗著》(上册·卷一),商务印书馆1984年版,第84页。
[3]　同上书,第133页。

固当本其所信,发挥自以为正确之主张,但决不以吾曹之主张为唯一之主张,决不以一主张之故,而排斥其他主张……吾人造言纪事,决不偏于政治一方。以事到今日,吾人已深知一社会之组织美恶,决非一时代一个人一局部之所为。"①

有"史家精神"美誉的报业巨子史量才提出"人有人格,报有报格,国有国格"的办报思想。1921 年 12 月 23 日,史量才在欢迎美国新闻学家格拉士参观《申报》馆的致词中说:"敝报创立至今,已四十九年,较鄙人之年岁,尚多六载。鄙人办此报,现历十年。以敝报言,如老人之身。惟全馆同人皆竞争自勉,以新精神鼓运之,使向前进。现在营业收入可以供用,故可自信不受任何方面津贴,虽十年来政潮澎湃,敝馆与顷者格拉士君所谓'报馆应有独立之精神'一语,敝馆宗旨似亦隐相符合。且鄙人誓守此志,办报一年,即实行此志一年也。"②因此,史量才主张报馆应远离党派之争,不和任何政党发生关系,在政治斗争中保持中立态度。为了保持这种立场,史量才极其重视报馆的经济独立,并将经济独立视为思想独立的前提。

中国第一部新闻史专著《中国报学史》的作者戈公振也认为,报纸应该坚持独立办报原则,不能依附于任何政党。在戈公振看来,"报纸既移于政党之手,当然政治色彩也就非常浓厚。不过政党得势的时候,经济非常宽裕,所以报纸种种用费的供给,自然不成问题,可是一到政党失势,报馆就要处于非常困难的地位。还有些人没有得势的时候,很肯出钱,利用报馆,一到得势就弃之如敝履。而且有些人,甚至一旦得势以后,对于报纸加以非常的压迫。所以发行报纸的人常常感到经济不足的痛苦,永远处于风雨飘摇的地位。因此自求出路的觉悟,当然也就会发生。"③那么,如何才能使报纸不依附于党派呢?戈公振认为扩大广告收入是关键。他说:"自从报纸有了广告,收入日见增加,广告和新闻就处于同等的地位。

---

① 黄远庸:《远生遗著》(上册·卷一),商务印书馆 1984 年版,第 102 页。
② 《中国近代新闻思想史》下卷,第 606 页。
③ 戈公振:《报纸的命运》,《新闻学》,商务印书馆 1940 年版,第 36—39 页。

有时广告比新闻占的篇幅还要多,几乎有后来居上的形势……最初不过登载自己的广告,后来成为公开,由此又得一种重要收入。于是经济才能得了独立的基础,报馆遂立于稳固的地位。"①戈公振还进一步提出了自己的新闻理想:"将来社会进步,人民知识和道德的程度日高,报纸虽不必收归国有,却可由公众推举道德家、法律家、学问家和优秀的新闻记者等人,共同主持编辑事务。就是希望这种报纸,真能发挥民治精神,有春秋笔则笔、削则削无上权力,不为任何势力所左右。这种趋势,已经渐渐成熟,在先进国的最优良的日报,已经多少带这种色彩,这也就是我们对于报纸的一种理想。"②

"记联"在继承前人进步观点的基础上,从马克思辩证唯物主义和历史唯物主义的高度,对当时的资产阶级新闻思想进行了彻底批判。这种批判建立在对资产阶级新闻业态的深刻反思基础上,在《中国左翼报人联盟纲领草案》中,"记联"指出:

> 所有划时期的社会事业,没有一件不是表现着畸形的状态与陷落在矛盾的幼稚的泥沼里,也没有一件不是在一面受着沉重的压迫,而一面却又挣扎着向上苦斗;现阶段的中国新闻事业,正是遭遇着相同的命运,大都受政治环境的束缚,难于征服现实,此刻所能做到的,也无非是挣扎的将就,和苦斗的应付,新闻本身的向上途径,在现存制度下面,决不会有怎样伟大的前途!

> 所以我们估计现阶段的新闻事业,虽然在挣扎苦斗中,结果是否能达到大众所要求的意识形态的问题,都是不能根据目前一般的情形来判断,实际还是要基于整个的政治问题之总的解决。虽然我们只顾苦着腿跑,忠于自己的社会职责的行为,但环境时时刻刻在逼迫我们:天津大公报记者为了出于职责,而被日本帝国主义绑架,乃至于惨遭杀戮;上海新生周刊因有抗日言论,而结果被停刊,主编者亦

---

① 戈公振:《报纸的命运》,《新闻学》,商务印书馆 1940 年版,第 36—39 页。
② 《中国近代新闻思想史》下册,第 649 页。

惨遭监禁；此外如徐州新晚报被封，余姚庆江日报，重庆枳江日报，郑州华北日报等之横遭暴力捣毁与压迫……这一切都表示了新闻事业，为了切合大众的要求，不受帝国主义的压迫，便遭封建势力的摧残，使在萌芽中的新闻事业，不能长足进展；而理想新闻事业商品资本主义大事业托辣斯化的申报老板也终于被狙击惨死；黄色新闻的时报，根本动摇；新闻报的销路大大减少，这些都正表演着言论被统治、封锁的惨剧。①

在这份草案中，"记联"指出了民国时期中国新闻业态面临的双重困境：一方面是"帝国主义的压迫"，另一方面是"封建势力的摧残"。"记联"在文中罗列了天津《大公报》事件、上海《新生》周刊事件、徐州《新晚报》事件、余姚《庆江日报》事件、重庆《枳江日报》事件、郑州《华北日报》事件、《申报》史量才事件等一系列报业惨案，无不是在印证着"记联"的一个基本观点——"中国的新闻事业……在现存制度下面，绝不会有怎样伟大的前途！"可见，"记联"对民国时期资产阶级新闻思想的批判深入到了社会制度层面，这是中国新闻思想史上的一大进步。

在"记联"前身"中新会"的成立宣言中，虽然已经对资产阶级新闻思想进行了抨击，但是这种抨击更多的是在阐述民国时期中国新闻事业发展中的种种弊病，至于导致这种弊病背后的深层次原因则语焉不详。如《中国新闻学研究会成立宣言》中指出：

我们再看现在中国的新闻事业：这是只有使我们痛恨愤怒的——中国的新闻事业，它根本没有新闻学的根据。几种所谓大报的经营，在次殖民地的半封建的经济情况下，在买办阶级及统治者的手里，做着被御用的代言者，并向广大的社会群众，尽其卑劣的欺骗作用。②

由上可见，"记联"前身"中新会"对资产阶级新闻思想的批判更

---

① 《中国左翼报人联盟纲领草案》，《文报》第11期。
② 《中国新闻学研究会成立宣言》，《文艺新闻》第33号。

多地着眼于民国时期新闻事业的具体问题,如统治阶级垄断舆论、技术落后、理论缺乏、管理落伍、托拉斯化等。宣言认为以上方面"就是我们目前阶段的新闻事业的外形与内质",但实际上,宣言中指出的更多的是民国时期新闻事业的"外形",对民国时期新闻事业的"内质"涉及不多。

因此,当"记联"在纲领中开宗明义地强调"中国的新闻事业……在现存制度下面,绝不会有怎样伟大的前途"时,反映出的是"记联"在理论上对其前身"中新会"的继承和超越。进一步说,"中新会"对资产阶级新闻思想的批判主要是在技术落后、管理低效、压制言论等具体弊端层面,而"记联"的批判不仅包括上述弊端,还直指这些弊端背后的社会制度因素。显然,"记联"对资产阶级新闻思想的批判更为深刻也更加科学,在此基础上,"记联"才能够探索和构建中国的马克思主义新闻思想。

第三节　探索马克思主义新闻思想

"记联"不仅对当时占据主导地位的资产阶级新闻思想展开了猛烈批判,而且积极探讨和研究了马克思主义新闻思想,并以这一思想作为行动指南,推动中国的马克思主义新闻事业向前发展。

马克思和恩格斯是马克思主义新闻思想的奠基人,研究马克思主义新闻思想,首先要深刻认识马克思和恩格斯在新闻传播、舆论宣传等方面的思想主张。马克思和恩格斯不仅是伟大的无产阶级革命家、思想家和理论家,而且还是卓越的无产阶级新闻事业践行者。他们一生创办、主编和参编了十多份报刊,为几十个国家的报刊撰写了稿件。丰富的办刊和撰稿实践使马克思和恩格斯逐渐认识到,社会上的重要报刊都掌握资产阶级手中,这些报刊所发出的声音代表的是资产阶级的利益,主导办刊的思想也是资产阶级知识分子创立的。如果不揭露和批判资产阶级新闻思想的反动性和腐朽性,就不能使人们深刻地认识到资产阶级制度的虚伪和落后。同样,如果不创立和发展无产阶级自己的新闻思想,就不能更有力地推动无产阶级解放事业的前进。因此,马克思和恩格斯围绕无产阶级新闻事业的性质、任务、作用、职能、原则、规律等进行了许多精辟的论述,奠定了马克思主义新闻思想的基础。

关于无产阶级新闻事业的任务和目标,马克思和恩格斯认为,首先要反对书报审查制度,追求新闻自由。1942年初,马克思在《第六届莱茵省议会的辩论(第一篇论文)》中猛烈批判了书报审查制度,他说:"受检查的报刊的特性,是不自由所固有的怯懦的丑恶本质,这种报刊是文明化的怪物,洒上香水的畸形儿。"①并强调:"没有新闻出版自由,其他一切自由都会成为泡影。"②同年底,马克思在《摩泽尔记者的辩护》一文中阐述了"自由报刊"主张,将"自由报刊"视为"具有公民头脑和市民胸怀的补充因素"③。关于报刊的性质和宗旨,马克思和恩格斯提出了报刊应该为人民服务、为人民发声的主张。马克思认为,新闻报刊具有人民性,应当反映群众的呼声,捍卫人民的利益。马克思认为:"报刊只是而且只应该是'人民日常思想和感情的'公开的'表达者'……它生活在人民当中,它真诚地同情人民的一切希望与忧患、热爱与憎恨、欢乐与痛苦。"④关于报刊与无产阶级政党的关系,马克思和恩格斯提出了办好党报的思想。马克思和恩格斯认为,定期报刊数量的增加是工人阶级组织迅速发展的最好证明,每一张党的报刊都代表着党的影响力的提升⑤,因此,报刊是党的重要阵地,办好党报是无产阶级政党的重要任务。

列宁关于新闻传播和舆论宣传的论述也是马克思主义新闻思想的重要组成部分。作为世界上第一个社会主义国家的领导者,列宁在继承马克思主义新闻思想核心观点的同时,又结合领导社会主义革命和建设的

---

① 《马克思恩格斯全集》第1卷,人民出版社1995年版,第171页。
② 同上书,第201页。
③ 同上书,第378页。
④ 同上书,第352页。
⑤ 童兵:《马克思主义新闻经典教程》,复旦大学出版社2009年版,第109页。

丰富经验,将马克思主义新闻思想发展到一个新的高度。列宁对马克思主义新闻思想的理论贡献主要有以下三点:一是系统地提出了无产阶级政党办报的党性原则。列宁指出:"写作事业应当成为整个无产阶级事业的一部分,成为由整个工人阶级的整个觉悟的先锋队所开动的一部巨大的社会民主主义机器的'齿轮和螺丝钉'。写作事业应当成为社会民主党有组织的、有计划的、统一的党的工作的一个组成部分。"①二是确立了无产阶级政党对无产阶级报刊的领导体制。在早期革命活动中,列宁曾经设想过使报刊相对独立的"两个领导中心"体制,他说:"鉴于必须严守秘密和保持运动的继承性,我们党可以而且应当有两个领导中心:中央机关报和中央委员会。前者应担负思想上的领导工作,后者则应担负直接的实际的领导工作。"②但是在革命实践中,列宁逐渐认识到,"两个领导中心难以实现真正有效的协调一致"③。因此,列宁倡导和推行了中央机关报在中央委员会的直接领导下的体制,实现了无产阶级政党对无产阶级报刊的绝对领导。在共产国际的推动下,列宁主张的这一体制成为全世界无产阶级政党领导报刊的主要方式。三是重视发挥报刊对党内民主的促进作用。列宁认为:"只有那些愚蠢的或害怕广大群众参与政治的人,才会觉得工人报刊上经常开展有关政策问题的公开的热烈争论是不适当的或多余的。事实上正是这些热烈的争论帮助全体工人养成全面考虑工人自己的政策的习惯,为运动制定出坚定明确的阶级路线。"列宁的这一论述,表现出对党内不同观点的尊重和包容,推动了无产阶级政党党内民主的进步和发展。

在"记联"成立之前,马克思主义新闻思想已经传入中国并获得一定的发展。李大钊和陈独秀是知识分子中较早接受和践行马克思主义新闻思想的人。李大钊认为,报刊应当以国家的前途和人类的命运作为自己的神圣使命,不能为了经济利益而抛弃社会责任。在《晨钟报》发刊词中,

---

① 列宁:《列宁选集》第 1 卷,人民出版社 1995 年版,第 663 页。
② 列宁:《列宁选集》第 7 卷,人民出版社 1986 年版,第 2 页。
③ 《马克思主义新闻经典教程》,第 197 页。

李大钊指出:"《晨钟》之声,即青年之舌,国家不可一日无青年,青年不可一日无觉醒,青年中华之克创造与否,当于青年之觉醒与否卜之,青年之觉醒与否,当于《晨钟》之壮快与否卜之矣。"①李大钊猛烈地抨击了北洋军阀政府对新闻自由的压制,认为这种压制是徒劳无功的。李大钊强调:"你要禁止他,他的力量便跟着你的禁止越发强大。你怎样禁止他、抑制他、摧残他,他便怎样生存、发展、传播、滋荣,因为思想的性质力量,本来如此。"②与李大钊相比,陈独秀更加鲜明地阐述了办报的社会主义倾向。在《每周评论》发刊词中,陈独秀直言:"我们发行这《每周评论》的宗旨,也就是'主张公理,反对强权'八个大字,之希望以后强权不战胜公理,便是人类万岁! 本报万岁!"③在《共产党》月刊发刊词中,陈独秀进一步指出:"我们要逃出奴隶的境遇,我们不可听议会派的欺骗,只有用阶级战争的手段,打倒一切资本阶级从他们手抢夺来政权;并且用劳动专政的制度,拥护劳动者的政权,建设劳动者的国家以至于无国家,使资本阶级永远不至发生。"④以李大钊和陈独秀为代表的中国共产党员对马克思主义新闻思想的早期探索,为"记联"进一步研究和发展马克思主义新闻思想、推动马克思主义新闻思想的中国化奠定了基础。

　　"记联"对马克思主义新闻思想的探索和研究,在"记联"前身"中新会"时期就已经开始了。首先,"中新会"对当时的资产阶级报业教育展开了猛烈批判。《中国新闻学研究会成立宣言》描述民国报业情况时写道:"有的则是奉崇'老吃报馆饭的'报屁股编辑、小说记者或礼拜六派大文豪等,以之为前辈先师。前者是为帝国主义者制造听命于他而来侵略中国文化、毒害中国社会的狗类;后者则是为他们那种人生殖自己的后辈,而承袭一切旧的残留的封建、宗法。"⑤其次,"中新会"大力呼吁报刊树立为

① 李大钊:《李大钊散文》,上海科学技术文献出版社2013年版,第52页。
② 李大钊:《危险思想与言论自由》,《每周评论》第24号。
③ 陈独秀:《发刊词》,《每周评论》第1号。
④ 陈独秀:《短言》,《共产党》第1号。
⑤ 《中国新闻学研究会成立宣言》,《文艺新闻》第33号。

人民群众服务的理念。"中新会"认为当时的报刊并不代表大众的利益，但由于大众缺乏代表自己利益的报刊，因此不得不看违背他们利益的资产阶级报刊。因此，"中新会"追求的重要目标是创办更多为人民群众服务、代表人民群众利益的报刊。为了实现这个目标，"中新会"要求成员不仅要关注都市的政治新闻，更要关注地方新闻、农村新闻、学校新闻、工厂新闻等与群众日常生活密切相关的事件。最后，"中新会"明确提出了研究社会主义新闻学的主张。"中新会"指出："新闻之发生，是依据于社会生活的需要；社会生活的整体，是基于被压迫的广大的万万千千的社会群众。所以我们除了致力新闻学之科学的技术的研究外，我们更将以全力致力于以社会主义为根据的科学的新闻学之理论的阐扬。"①从"中新会"的上述主张可以看出，一方面，马克思主义新闻思想已经对"中新会"产生了一些影响，"中新会"提出了新闻要为广大群众服务、发展社会主义新闻学等马克思主义新闻思想的核心观点；另一方面，"中新会"此时对马克思主义新闻思想的认识和理解还不够深入，不能准确分辨出社会主义新闻学和马克思主义新闻学的差异。

无论是在广度上还是在深度上，"记联"对马克思主义新闻思想的探索都超越了"中新会"。这既是由于，"记联"的很多成员来自"中新会"，他们在加入"记联"后，继续保持了对马克思主义新闻思想的研究热情，提升了"记联"对马克思主义的认知能力；也是因为，"记联"更加积极主动地接受中国共产党的领导，并在党的帮助下接触到了更多的马克思主义著作，从而提升了对马克思主义新闻思想的认识水平。

"记联"对马克思主义新闻思想的探索的主要集中在以下三个方面。第一，"记联"深刻分析了新闻产生的阶级根源。"记联"在其机关报发刊词《我们的使命》一文中指出："资本主义末期社会的一切现象和现实，应该完全站立于阶级对立的意义上去理解。一切阶级现象和现实，是新闻产生的源泉；是造成斗争理论的综合的前提。建立新闻文化工作，必先理

---

① 《中国新闻学研究会成立宣言》，《文艺新闻》第 33 号。

解这现实和这现象的阶级关系,并促成这关系的开展。"①在《中国左翼报人联盟纲领草案》中,"记联"进一步指出:"一切社会的矛盾现象,都是经过新闻纸这一机能,再现于社会大众之前,而由于社会矛盾所孕育的新闻的矛盾,也就因为新闻具有特别机能,所以有特别显明的集中表现。"②可以看到,此时"记联"已经认识到新闻产生的根源是"一切阶级现象和现实",这与资本主义新闻思想的看法是截然不同的。

第二,"记联"明确提出了"新闻解放"的思想。"记联"指出,新闻事业本应是推动社会进步的武器,但现实的情况恰恰相反,"在资本主义社会下,所谓新闻事业已成了某阶级压迫、麻醉、欺骗某阶级的工具"。③因此,为了促进新闻事业的发展、增进人类社会的福祉,新闻记者首先应当在批判资产阶级新闻思想中追求新闻解放。"记联"强调:"对于整个社会阶级对立的斗争工程上,我们能获得认识和理解,去实践被压迫阶级新闻的全部解放。"④此外,"记联"还清醒地意识到,由于资产阶级势力强大,单纯的"新闻解放"并不能成功,只有实现了全人类的解放,"新闻解放"才有保障。"记联"在其纲领中明确阐述了"新闻解放"和"世界解放"的关系,纲领指出:"我们基于新闻事业的进步要求,我们不能不反抗压迫我们的封建势力和摧残我们的帝国主义及其清道夫,同时我们不能不参加世界的解放运动,向国际反动势力作斗争,而从事于新兴新闻事业及其理论的产生与建设。"⑤这一认识反映出,"记联"对马克思主义新闻思想的精髓有了更深入的把握和更准确的理解。

第三,"记联"积极探索和推动"新闻大众化"。"新闻大众化"是马克思主义新闻思想的基本观点,其核心主张在于,新闻的主要服务对象应当是占人口大多数的普通群众,报刊刊发的文章要能够反映出人民的利益和呼声,文章的写作语言要适应普罗大众的阅读习惯。"记联"对"新闻大

---

① 《中国出版史料补编》,第303—304页。
②⑤ 《中国左翼报人联盟纲领草案》,《文报》第11期。
③④ 《中国出版史料补编》,第303页。

众化"的热烈推崇,源自其对新闻本质的深刻认识。"记联"认为:"新闻发生之由来是依于社会生活反映的缩影,社会的整体是基于被压迫的整千万的广大的社会群众。"①因此,"记联"认为,先进新闻工作者的基本目标是"建立依于大众利益的新闻事业"②。为了使全体成员深刻认识实现"新闻大众化"的重要性,"记联"将其写入了自己的纲领。《中国左翼新闻记者联盟行动纲领及组织纲领》第五条规定:"坚决执行新闻大众化,发动全国的工场新闻、农村新闻、军营新闻、学校新闻、街头壁报等的阶级新闻运动。并努力促其深入普遍的实践,以期使其成为鼓动大众组织大众之武器。"③可以看到,"记联"对"新闻大众化"的探索,不仅仅停留在理论研究层面,而且制定了具有可操作性的详细的行动方案。

总之,作为 20 世纪 30 年代上海左翼新闻运动中的代表性团体,"记联"围绕马克思主义新闻思想中若干重点问题,如"新闻本质""新闻解放"和"新闻大众化"等,展开了深入思考和研究,并将一些研究成果付诸实践,产生了积极的社会影响,推动马克思主义新闻思想在中国进一步传播和发展。

①② 《中国出版史料补编》,第 303 页。
③ 《中国左翼新闻记者联盟行动纲领及组织纲领》,《集纳批判》第 2 号。

第四章

"记联"的关键人物

　　在"记联"成立和发展过程中,发挥关键作用的人物主要有三个:第一个是中国共产党早期领导人瞿秋白,他不仅担任过《晨报》《时事新报》等著名报社记者,还主编过《新青年》《向导》等重要党报党刊,对马克思主义新闻思想有着深刻认识,对"记联"的新闻主张和行动纲领产生了重要影响。第二个是从事党的情报工作的袁殊,他是当时"文总"指定筹备"记联"的负责人,与"记联"的许多骨干成员联系紧密,他主编的《文艺新闻》也成了"记联"的重要宣传阵地。第三个也同样是中共党员,当时上海新闻界的名记者恽逸群,他积极参加"记联"举办的活动,利用担任《大美晚报》华文编辑的便利,开辟专栏报道"记联"的"记者座谈"活动,扩大了"记联"的社会影响。

第一节　瞿秋白

　　"记联"是中国共产党发动左翼文化运动中领导的"八大联"之一,客观而言,它的盟员人数和社会影响力均不如"左联"等其他左翼文化团体。不过,机缘巧合之下,"记联"却得到了瞿秋白的直接指导。瞿秋白不仅是中国共产党早期的主要领导人之一,而且曾经担任北京《晨报》记者、上海《时事新报》记者、上海《民国日报》编辑和上海大学教授,主编过《新青年》《前锋》《向导》《热血日报》等重要党报党刊,还一度兼任中央党报编辑委员会主任。瞿秋白既有非常丰富的新闻工作和领导经验,还以新闻记者身份到俄国考察过无产阶级新闻事业,撰写了许多阐述无产阶级新闻事业的论著,对马克思主义新闻思想有着深刻的理解。因此,他对"记联"的成立和发展具有重要影响,"记联"的很多思想主张、新闻理念和行动纲领都打上了瞿秋白的印记。欲研究"记联"的思想,不可不先了解瞿秋白的新闻思想。

　　瞿秋白,名爽,字秋白,笔名有斯特拉霍夫、巨缘、一天、双林等,1899年出生在江苏常州一个没落的官宦之家。瞿秋白的祖父瞿赓同曾任江西候补知县,父亲瞿世玮长期无业,擅长作画,通医术。1909年,瞿秋白考入常州府中学预科,次年升入本科。在中学时代,瞿秋白喜欢读书看报,阅读了大量哲学、历史和文学类的书籍,对梁启超、谭嗣同、严复等人撰写的反映近代民主思想的书籍十分喜爱。1917年,瞿秋白考入北京的俄文专修馆,学习俄语,自修英语和法语。在这期间,瞿秋白阅读了很多马克思主义著作,如《妇女与社会主义》《共产党宣言》等,思想逐渐倾向马克思主义。1920年,瞿秋白加入了李大钊组织的马克思主义学说研究会,在交流讨论中,瞿秋白学习到了更多的马克思主义理论。同年,瞿秋白接受北京《晨报》和上海《时事新报》的聘请,前往莫斯科考察十月革命后的苏俄状况。

此后,瞿秋白在苏俄进行了为期两年的详细考察,撰写和发表了大量反映俄国十月革命后状况的通讯稿。此外,瞿秋白还撰写了两本反映苏俄状况的散文集——《新俄国游记》和《赤都心史》,主要叙述了他从北京到莫斯科的见闻,以及他从一个民主主义者转变为共产主义者的思想过程。这两本书先后在上海的商务印书馆出版,受到了读者的热烈欢迎,产生了很大的社会影响。在苏俄,瞿秋白见到了无产阶级革命导师列宁,并与其交谈。莫斯科的东方大学开设中国班后,瞿秋白进入该校担任翻译和助教,讲授俄文、唯物辩证法和政治经济学,班级里的学员有刘少奇、任弼时、罗亦农、柯庆施、彭述之、萧劲光、王一飞等。瞿秋白非常赞赏俄国的十月革命,称其为"二十世纪历史的事业之第一步"①,主张中国人效仿俄国人,走俄国人的道路,学习马克思主义,开展社会主义革命。1921 年 5 月,经张太雷介绍,瞿秋白在莫斯科加入了俄国共产党。②

1922 年 2 月,瞿秋白正式加入了中国共产党。11 月,共产国际举行第四次代表大会,陈独秀代表中国共产党出席大会,瞿秋白担任陈独秀的俄文翻译。会后,瞿秋白接受了陈独秀邀请,返回中国。回国后,瞿秋白

① 瞿秋白:《赤都心史》,东方出版社 2015 年版,第 213 页。
② 根据传统的说法,瞿秋白是 1922 年 2 月由张太雷介绍加入中国共产党的。如1955 年陆定一在瞿秋白同志遗骨安葬仪式上的报告中和杨尚昆 1985 年在瞿秋白同志就义五十周年纪念会上的讲话中,都是这样表述的。但瞿秋白在他的《记忆中的日期》中记述为:"1921 年 5 月,张太雷抵莫介绍入共产党;9 月任东大翻译始正式入党。"这与当时曾任东大中共党支部书记彭述之在他的《中国共产主义的发轫》第 1 卷(1983 年由巴黎 Gallimard 出版社出版)中的回忆,基本吻合。彭述之回忆说:"瞿秋白和李仲武何时到莫斯科,我说不出来,但总在 1921 年头 4 个月内,即是在中国青年团派来的学生从伯力转到莫斯科以前。……那时这两个人还不是共产党员,到共产国际'三大'时候(1921 年 6 月底至 7 月初)才加入共产党。中国共产党中心小组派了一个代表团作为观察员来参加共产国际'三大',其中一个代表名为张太雷,是瞿秋白的同乡和同学。……他说服了瞿秋白和李仲武两人加入中国共产党,其时这个党正要召开她的成立大会。"对照彭述之上述回忆,瞿秋白回忆自己入党的时间应该是正确的。参见周永祥:《瞿秋白年谱新编》,学林出版社 1992 年版,第 61—62 页。

担任中共中央机关刊物《新青年》的主编,同时参加《前锋》和《向导》的编辑工作。在这些刊物上,瞿秋白发表了一百多篇介绍和宣传马克思主义的文章。1923 年 6 月,瞿秋白在广州召开的中共三大当选为中央委员,受中央委托起草党纲草案。1924 年 1 月,瞿秋白被选为国民党候补执行委员,7 月,孙中山提名瞿秋白担任国民党中央政治委员会委员。1925 年1 月,中共四大在上海召开,瞿秋白继续担任中央委员。1927 年 4 月 12日,蒋介石发动反革命政变。4 月底,中共五大在武汉召开,瞿秋白被选为政治局委员。8 月 7 日,中共中央在共产国际的帮助下召开紧急会议,会议批判了陈独秀的右倾投降主义错误,决定改组中央政治局。瞿秋白被选为临时中央政治局负责人,兼管农委、宣传部和党报总编辑。瞿秋白之所以被选为党的最高领导人,主要原因是"理论水平比较高,无论是反对戴季陶主义,还是反对陈独秀投降主义,他的旗帜都比较鲜明"①。

瞿秋白主持中央工作后,领导中国共产党开展了一系列卓有成效的革命斗争。但是,他不久就接受了共产国际代表罗明纳兹的"左"倾错误观点,认为中国革命进入了"无间断"的社会主义革命阶段,推行盲动错误方针,导致党在实际工作中遭受了许多损失。1928 年 3 月,瞿秋白在临时中央政治局常委会议上做了自我批评,基本结束了"左"倾盲动错误。1928 年 6 月,瞿秋白在莫斯科主持召开中共六大,会议决定瞿秋白继续担任中央委员和中央政治局委员。中共六大结束后,瞿秋白并没有回国任职,而是留在莫斯科担任中共驻共产国际代表团团长。1929 年,苏共发动了大规模的"清党"运动,王明等人借机污蔑瞿秋白是"机会主义和异己分子的庇护者"。1930 年 6 月,瞿秋白不再担任中共驻共产国际代表团团长职务,启程回国。9 月,瞿秋白在上海主持召开中共六届三中全会,会议选举了新的中央领导机构。1931 年 1 月,在共产国际代表米夫操纵的中共六届四中全会上,瞿秋白被解除了中央领导职务。

---

① 李维汉:《回忆与研究》上册,中共党史出版社 2013 年版,第 125 页。

离开中央领导岗位后,瞿秋白得以有更多时间从事他所热爱的无产阶级文化事业,直接参与领导了轰轰烈烈的左翼文化运动,尤其是对"记联"的成立和发展倾注了许多心血。在这期间,瞿秋白与鲁迅、茅盾、冯雪峰等人一起,大力介绍和宣传马克思主义文化理论,翻译了不少马克思主义经典作家的著作和苏联著名作家的文学作品,撰写了许多充满战斗力的革命文章,有力地推动了左翼文化运动,尤其是马克思主义新闻思想的发展。1934 年初,瞿秋白抵达江西中央苏区,出任中华苏维埃共和国中央执行委员会委员,同时还担任苏维埃大学校长和中央机关报《红色中华》的编辑。1934 年秋,中共中央和中央红军开始长征,瞿秋白奉命留在苏区,担任中共苏区中央分局宣传部部长。1935 年初,瞿秋白因肺病严重,经组织决定到上海就医,途中被捕。为了脱身,他化名林祺祥,谎称自己是国民党军医,但遭到叛徒的告密和指认。敌人对瞿秋白软硬兼施,用尽种种威逼利诱的手段劝降,但瞿秋白始终不为所动,表示"情愿作一个不识时务的笨拙的人,不愿作个出卖灵魂的识时务者"。①诱降失败后,国民党最高当局恼羞成怒,决定杀害瞿秋白。6 月 18 日,瞿秋白在"中国共产党万岁!"的口号中从容就义,年仅三十六岁。

瞿秋白一生最大的成就无疑是曾担任中国共产党早期主要领导人,为中国新民主主义革命的胜利做出过重要贡献。不过,瞿秋白自己认为,"文人"的定位可能更符合他的本心。②当曾经主持中共中央日常工作的瞿秋白在 1931 年初被王明等人排挤出核心决策层后,他并没有消沉下去,更没有因此走上反对党中央权威、质疑马克思主义真理的错误道路。相反,瞿秋白充分发挥自己担任过党报党刊主编和新闻记者的优势,积极投身左翼文化运动,撰写了一百多篇宣传马克思主义文化思想的优秀作品,并亲自指导成立了上海左翼新闻团体——"记联"。

瞿秋白作为"文人"是成功的,他在哲学、历史学、政治学、文学等方面

① 金石:《瞿秋白》,中国青年出版社 1994 年版,第 158 页。
② 瞿秋白:《瞿秋白散文》,上海科学技术文献出版社 2013 年版,第 164 页。

均有建树,撰写了许多充满真知灼见的文章。当然,记者的出身和长期从事党报党刊工作的经验,让瞿秋白在马克思主义新闻思想方面的思考更加深刻。20世纪30年代,瞿秋白撰写了大量阐述马克思主义新闻思想的论著,由于他的特殊地位,这些论述对上海左翼文化运动产生了巨大影响,一些思想主张直接成了"记联"的宗旨和纲领。因此,在研究"记联"对马克思主义新闻思想的继承和发展时,应当首先了解瞿秋白对马克思主义新闻思想的思考。

瞿秋白对马克思主义新闻思想的探索和思考主要表现在以下几个方面:第一,新闻报刊是阶级斗争的工具,共产党要高度重视新闻报刊的革命宣传作用。1923年6月,瞿秋白在《〈新青年〉之新宣言》中强调:"所以《新青年》的职志,要与中国社会思想以正确的指导,要与中国劳动平民以知识的武器。《新青年》乃不得不成为中国无产阶级革命的罗针。"①瞿秋白认为,党报党刊上的文章,既要符合马克思主义基本原理、体现中国共产党的意志,也要反映广大人民群众的呼声。换言之,党报党刊既要做党的"喉舌",宣传中国共产党的主张,也要做人民群众的"喉舌",代表人民群众的利益,反映人民群众的诉求。1925年,瞿秋白在《热血日报》上发表《上海总工会告全体工友》一文,猛烈抨击了上海资本家对工人的剥削和压迫,他在文中写道:"我们的汗血,被他们剥削去了!我们的身体,遭他们的打骂侮辱!……我们的身体,好像牛马一样!我们的生命,好像虫蚁一样!"②瞿秋白刊登在《热血日报》上的这篇文章,表达了上海工人压抑已久的共同心声,对于党的报刊发挥好"喉舌"作用,赢得广大群众的支持,具有重要的示范价值。

第二,党报党刊的五项任务。瞿秋白结合自己从事报纸编辑和管理工作的实践经验,提出了党报党刊的五项任务。一是广泛宣传马克思主义思想和国际共产主义运动经验,提高全党的理论水平和政治觉悟。瞿

① 瞿秋白:《瞿秋白文选》,四川文艺出版社2010年版,第2页。
② 瞿秋白:《上海总工会告全体工友》,《热血日报》1925年6月4日。

秋白认为,党报党刊应当在世界范围内汲取关于无产阶级革命运动的重要材料,总结其中的历史经验和教训,为中国革命发展提供借鉴。二是深入阐释党的路线、方针和政策。瞿秋白要求党报党刊要为党的中心工作服务,通过社论等方式,帮助广大党员理解党的路线、方针和政策。三是充分发挥党报党刊的批判功能。瞿秋白主编的党报党刊以敢于斗争和善于斗争著称,猛烈批判了帝国主义的侵略和封建主义的腐朽,与以梁启超、戴季陶、蒋介石等为代表的保守反动势力展开了彻底的思想斗争。四是公开讨论党的策略和工作方法。瞿秋白在主编《布尔塞维克》时,就开设了"讨论栏",号召广大党员干部围绕党的策略和方法积极讨论,以进一步改进工作方式和方法,促进革命运动的发展。在《实话》上,瞿秋白也设置类似的栏目,并指出这种讨论"可以更广泛的包括各种问题,以及一般革命干部所不能解答的难题,无论是路线上的,策略上的,理论上的,工作方法上的,以至日常生活中的各种问题。本刊当每一问题讨论介绍时给以明确的答复"。①五是广泛介绍各地的工作经验和教训。瞿秋白指出,党报应该"收集各地方的工作经验和教训,加以适当的估计,将经验和教训传播给各地方"。②他主编的《布尔塞维克》《红色中华》等报刊也经常报道各地的先进经验,有力地促进了革命斗争形势的发展。

第三,党报党刊要坚持群众路线,带头推动新闻大众化。瞿秋白认为,党报党刊应当以服务广大党员干部和人民群众为使命,紧紧依靠群众的力量办报。他在担任中央主要领导人时多次发出通告,要求各地方党组织把给党报投稿作为一项重要任务布置下去,督促广大党员干部阅读党报党刊。在主编《红色中华》时,瞿秋白进一步强调要巩固党报党刊的群众基础,他指出:"我们以为工农兵通讯运动对于这中央机关以及一切军营、城市、作坊的小报,可以有很大的帮助,可以使苏维埃的新闻事业发展到更高的一个阶段。"③实践工作中,瞿秋白在《红色中华》编辑部专门

---

①② 《实话五日刊的任务》,《实话》第1号。
③ 《关于〈红色中华〉报的意见》,《斗争》第50期。

成立了一个通讯社,聘请工人、农民担任通讯员,请他们协助收集新闻素材。这个方法效果非常好,《红色中华》的通讯员很快就由二百多人发展到近千人,新闻来源有了更可靠的保障,新闻的内容也更加贴近工农群众的日常生活。瞿秋白认为:"党的报刊必须设立全国系统的工农通讯网络,经过广大通讯员使党报党刊和人民群众密切联系起来。同时,也必须建立群众性的发行网,使党的报刊能够及时地与广大群众见面,从而发挥其战斗作用。"①瞿秋白的群众办报方针源自新闻大众化理念。1931年,瞿秋白在《苏维埃的文化革命》中强调,要发展工人报纸和劳动民众的报纸②,使新闻能够为广大人民群众所阅读和喜爱。瞿秋白的这一思想,是对马克思主义人民报刊思想的继承和发扬,对于马克思主义新闻思想的中国化具有重要推动作用。

瞿秋白对马克思主义新闻思想的上述探索和思考,对"记联"的理念和活动产生了重大影响。一方面是由于瞿秋白曾担任党的最高领导人,在党内具有很强的影响力,并且直接参与指导了"记联"的创建③。另一方面在于,瞿秋白在指导左翼新闻运动方面有着得天独厚的专业优势。他曾经是北京《晨报》和上海《时事新报》的记者,主编过《布尔塞维克》《红色中华》《新青年》《向导》等重要党报党刊,对新闻实践工作的了解非常深刻。因此,瞿秋白关于推动左翼新闻运动发展的很多主张,都被"记联"衷心接受和自觉落实了。"记联"纲领中的"坚决执行新闻大众化""发动全国的工场新闻、农村新闻、军营新闻、学校新闻、街头壁报等的阶级新闻运动"等内容,都是对瞿秋白新闻理念的直接贯彻。④在上海左翼新闻运动和"记联"发展历史上,瞿秋白是一个不折不扣的关键人物。

① 方汉奇:《新闻春秋——中国新闻改革学术研讨会暨中国新闻史学会年会论文集》,四川大学出版社2003年版,第295页。
②④ 郑保卫:《中国共产党新闻思想史》,福建人民出版社2004年版,第133页。
③ 陈力丹:《马克思主义新闻学词典》,中国广播电视出版社2002年版,第219页。

第二节 袁 殊

在"记联"成立和发展过程中,有一个做出了很大贡献而又默默无闻的人。在"记联"筹备时,他就被"文总"指定为负责人,[①]"记联"骨干成员中有不少是受他影响加入的,"记联"的前身"中新会"是他领导创办的,"记联"的主要发声渠道《文艺新闻》是他主编的……这个人就是中共情报史上的传奇人物——袁殊。

袁殊,原名袁学易,1911 年出生在湖北蕲春的一个没落的官宦人家。袁殊的父亲袁晓岚是老同盟会员,参加过孙中山领导的民主革命运动。袁殊八岁时跟随母亲贾仁慧到上海谋生,入读浦东中学附属小学,十二岁进入上海立达学园读书。当时的上海是政治活动的中心,立达学园里有很多思想激进的老师和学生。袁殊在立达学园的导师袁邵先是一位工团主义者,也是中国无政府主义先行分子,袁殊受其导师思想影响很大。1925 年 5 月,上海爆发反帝爱国的五卅运动,十四岁的袁殊勇敢地站到了运动的前列,他以立达学园学生代表的身份,积极参加了中国共产党领导的声势浩大的爱国群众游行。北伐战争爆发后,袁殊毅然选择离开校园参加北伐部队,历任国民革命军二十七师政治部少尉股员、国民革命军第六军十八师政治部连指导员。

四一二反革命政变后,国民党大肆捕杀共产党员和革命人士,袁殊愤怒地离开部队,弃笔从文,回到上海参加狂飙社发起的狂飙运动,继续与黑暗势力斗争。狂飙社成立于 1924 年,主要成员有高长虹、何培良、高歌、高沐鸿等,办有《狂飙周刊》《狂飙运动》《狂飙丛书》等出版物。狂飙社在文学上主张致力于"反抗",做时代的"强者",提出"打倒障碍或者被障碍打倒"的口号。1924 年至 1929 年,狂飙社在上海掀起狂飙运动,提出

---

① 孔海珠:《"文总"与左翼文化运动》,上海人民出版社 2016 年版,第 31 页。

"为科学而作战"的主张。①袁殊是狂飙运动的积极分子,经常参加狂飙社的工作,用演说和文章猛击国民党的腐朽统治。1928年,狂飙社在南京举行话剧演出,演出结束时,血气方刚的袁殊代表演出方在观众招待会上致词,猛烈批判了国民党和国民政府推行的劣政,触怒了参加招待会的国民党中央党部要员,不久国民党中央党部派人调查袁殊的来历,准备下手。幸而,国民党另一位要员方觉慧与袁殊的父亲是同乡好友,出面帮忙调停,袁殊才幸免于难。

这段经历不仅没有吓退袁殊,反而令袁殊深刻地认识到了语言和文字的巨大力量,经过仔细考虑,袁殊决定将新闻事业作为自己的奋斗方向。1929年,袁殊前往日本东京东亚预备学校新闻系学习,但因经济拮据,次年便返回了上海。勤奋努力的袁殊利用自己在日本新闻系学习的机会,翻译了很多新闻学论文,并出版了《学校新闻讲话》和《新闻法制论》。回到上海不久,袁殊创办了秉持"中立公正、兼收并蓄"理念的《文艺新闻》周刊,并担任报社社长兼主编。很快《文艺新闻》成为"左联"的外围刊物,为上海左翼文化运动的发展做出了重要贡献。

1931年10月,年仅二十岁的袁殊秘密加入了中国共产党,成为中共特科的一名情报人员。此后,袁殊奉命周旋于军统、中统、青帮、日本等各势力之间,为中国共产党提供了许多重要情报。《文艺新闻》停办后,袁殊根据党的指示,利用与中统特务吴醒亚的关系,先后成为新生通讯社记者、《华美晚报》记者,并主办外论编译社、中国联合新闻社、上海编译社及《杂志》半月刊。同时,袁殊还担任上海记者工会执行委员,与恽逸群、范长江等人发起"上海座谈"和"中国青年记者协会"等组织,在当时的上海新闻界具有很大影响力。

袁殊既是一名中共秘密党员,也是一位新闻理论研究者。从无产阶级的政治立场出发,袁殊结合中国新闻事业实际,广泛汲取马克思主义新闻思想的精华,通过发表演说和出版著作的方式,将这些思想广泛传播开

① 马学新等主编:《上海文化源流辞典》,上海社会科学院出版社1992年版,第361页。

来，推动了上海左翼新闻运动的发展，也为"记联"的成立准备了条件。

"集纳主义"是袁殊在探索马克思主义新闻思想过程中形成的重要成果。"集纳主义"是英文单词 journalism 的音译，这一翻译经袁殊创立和推广后，逐渐流传开来，得到了新闻界的广泛认可。"集纳主义"在当时之所以流行，不仅因为它是一种恰到好处的名词翻译，更是因为它蕴含的新闻理念反映了广大新闻工作者的呼声。袁殊曾在《文艺新闻》上撰文阐释了"集纳主义"的理念，他说："报纸的新闻要有意义，包罗万象，为读者喜闻乐见，引人入胜，又须立场公正，为人民大众说话。"①袁殊对"集纳主义"的诠释，鲜明地展现了马克思主义新闻思想的人民立场。从"集纳主义"出发，袁殊认为新闻媒体应当担负起两个方面的责任。一方面，新闻媒体要如实地报道社会的真相。由于人们越来越依靠新闻媒体来了解和认识社会，新闻媒体只有如实地叙述社会事件、反映社会现状，才能给予大家以可靠的信息和知识，才能够开启民智、促进社会发展。另一方面，新闻媒体还要敢于批判社会上的丑恶现象。新闻媒体比一般的读者掌握更多的信息，了解更多的真实情况，因而在社会上具有更大的影响力。新闻媒体要正确运用这种影响力，发出理性公正的声音。这种理性的声音，不仅是对美好事物的赞美，还要对丑恶现象展开彻底的揭露和猛烈的批判。可以看到，袁殊的"集纳主义"饱含着马克思主义新闻思想的智慧，这种深刻的人民立场和批判精神，为后来成立的"记联"所继承和发扬。

"大众办报"理念是袁殊新闻思想的另一个重要组成部分。袁殊认为，报纸不是只为少数精英服务的，报纸上的新闻来自人民大众，报纸的受众主要也是人民大众，因此，办报的目的应该是服务大众，刊登代表大众利益、大众喜闻乐见的信息。袁殊还引用列宁的话论述报纸和大众之间的关系，他说："列宁有一句话说，报纸不单要起到宣传鼓动作用，而且要起到组织群众的作用，我认为，苏联的报业发展好得难以想象。"②袁殊

---

① 袁殊：《〈文艺新闻〉最初之出发》，《文艺新闻》1931 年 3 月 16 日。
② 《丁淦林文集》，第 40 页。

"大众办报"理念源自他对民国时期上海新闻界种种弊病的深刻批判。他曾经尖锐地指出,上海主要报刊的记者,大都是招摇撞骗的流氓,这些记者拜上海青帮头子杜月笙为师爷,成为杜月笙的门徒、青帮的走狗,为他们的黑社会行为涂脂抹粉,经常参与分赃。除此之外,这些流氓记者还收受毒贩子和赌场老板的钱财,撰写文章为他们的肮脏生意摇旗呐喊。总之,此时的新闻界已经沦为政客、军阀和财团等少数人谋利的工具。为了揭露资产阶级新闻思想的虚伪,促进马克思主义新闻思想的传播和发展,袁殊将"大众办报"理念付诸实践,创办了《文艺新闻》周刊。在《文艺新闻》发刊词中,袁殊明确指出,新闻是属于大众的,《文艺新闻》将秉持"为大众服务"的理念,绝不依附于某一种集团,一心一意地做好满足大众需要的新闻。袁殊的"大众办报"理念为"记联"喊出"新闻大众化"的口号提供了思想资源。

袁殊对"记联"和左翼新闻运动的贡献,不仅表现在对马克思主义新闻思想的深刻阐述上,而且表现在对"记联"筹备工作和左翼新闻活动的现实支持上。20世纪30年代的上海,笼罩在一片白色恐怖之中,左翼文化人士不仅要躲避国民党特务的暗杀,还要时时警惕租界巡捕的搜查和帮会势力的破坏。作为中共特科的秘密党员,袁殊被赋予了重要使命,党组织要求他尽可能变成一名小市民,逐渐在社会上褪去左的色彩,变成灰色人物,向国民党的中上层社会转变,然后利用合法身份,深入敌人心脏,为党收集战略情报。袁殊没有辜负党组织的重托,他成功打入了敌人内部,与南京国民政府、日本帝国主义和青帮分子均有密切联系。利用这些关系,袁殊积极帮助左翼新闻记者解决困难,努力筹建包括"记联"在内的左翼新闻团体,有力推动了左翼新闻运动的发展和壮大。

一方面,袁殊极力突破国民党的文化专制政策,在其主编的《文艺新闻》上大量报道左翼文化活动。当时的上海既是国内的经济中心,也是重要的政治和文化中心,许多进步知识分子住在上海,中国共产党也在上海建立了"文总"等组织,领导左翼文化运动。左翼文化人士积极宣传爱国、民主和进步思想,得到了广大群众的衷心认同,越来越多的仁人志士选择了中国共产党的革命道路,这是国民党当局和帝国主义所不能容忍的。因此,他们在上海实施了严厉的文化专制主义政策,查禁和销毁了一批进步出版物,严令各大报社不许刊登左翼人士的革命文章。在袁殊的领导下,《文艺新闻》顶住压力,坚持刊登鲁迅、瞿秋白、夏衍、丁玲、楼适夷、冯雪峰等左翼人士和共产党员的进步文章。如鲁迅的《上海文艺之一瞥》《我对于〈文艺新闻〉的意见》等文章,瞿秋白的《"自由人"的文化运动——答复胡秋原和"文化评论"》等文章,冯雪峰的《"阿狗文艺论者"的丑脸谱》等文章。《文艺新闻》发表的这些宣传马克思主义和左翼思潮的文章,进一步提升了上海左翼文化界的影响力。

《文艺新闻》之所以能突破国民党的封锁,刊登左翼进步文章,与袁殊的个人勇气和才干密不可分,这可以从《文艺新闻》对"左联"五烈士被害一事的报道中看出。1931 年 2 月 7 日,"左联"的五位青年作家——柔石、胡也频、殷夫、冯铿、李伟森被国民党当局秘密残害,但是慑于国民党特务的淫威,上海却没有报纸敢于报道此事。袁殊的《文艺新闻》创刊后,共产党员冯雪峰找到袁殊,问他敢不敢刊登一条重要消息。袁殊回答说,只要消息是真实和公正的,都可以登。冯雪峰将五烈士被害的消息告诉了袁殊,袁殊当场表示一定设法尽快刊登。①袁殊当然知道刊登这样一条消息的风险,但是为了揭露国民党当局的卑鄙行径,他毅然决然地选择承担风险。同时,袁殊也并非有勇无谋之辈,他对这条消息的报道方式做了精心安排。不久,《文艺新闻》第三期第二版刊发了一个头条新闻,题目为:《在地狱或人间的作家?——一封读者来信/探听他们踪迹》,在正文中以读者来信的方式,声称柔石等人或已被枪毙。接着,《文艺新闻》第五期第二版头条,刊登了另一位读者来信,对第三期的读者来信作出回应,题目是:《呼吁,死者已矣!——两个读者来信答蓝布/李伟森亦长辞人

---

① 华东师范大学传播学系:《传播学研究集刊》第一辑,上海古籍出版社 2003 年版,第 100 页。

世》,正式向外界公布了五烈士遇难的消息。在第六期第二版头条位置,《文艺新闻》登载了五烈士的照片,以示纪念。此后,《文艺新闻》陆续发表了许多知识界对五烈士的悼念文章。袁殊通过读者来信的方式,既突破了国民党当局的封锁,向外界公开了"左联"五烈士被害消息,又尽可能地规避了风险,巧妙地保护了报社。袁殊的这种做法赢得了左翼文化人士的一致赞赏,茅盾曾经指出:"从《前哨》(以及其他'左联'的刊物)的迅速被禁和《文艺新闻》能够坚持出刊,使得'左联'及其成员逐渐认清合法斗争的必要与重要,开始作策略上的转变。"①

另一方面,袁殊积极团结上海进步记者,牵头组织"记者座谈",延续"记联"活动。"记者座谈"是1933年袁殊在上海发起的另一个左翼新闻团体。之所以要建立这样一个团体,是因为伴随着"记联"影响力的扩大,国民党当局对"记联"的破坏也越来越严重,以至于"记联"不得不暂时停止活动。但是,国民党的白色恐怖无法阻止广大新闻工作者的爱国热情,一些进步记者在袁殊的组织下,聚集在上海霞飞路一家名为文艺复兴的小餐馆里,就大家关心的问题展开热烈讨论。参加的人员主要有"记联"成员,新世纪通讯社、申报电讯社和新声通讯社记者,《新闻报》和《大美晚报》记者,上海复旦大学、沪江大学新闻系师生等,共约三十余人。他们讨论的问题十分广泛,既有报纸采访编辑排版的业务问题,也有维护自身合法权益的现实问题,还有抗日救亡的政治问题。在讨论过程中,大家深感需要建立一个与外界交流的平台,将他们的思考成果分享给新闻界。于是,在《大美晚报》的支持下,他们在《大美晚报》中文版开辟了一个"记者座谈"专栏,及时刊发大家对新闻事业的意见和想法。

"记者座谈"的宗旨是团结一切进步记者,将中国的新闻事业发扬光大。他们认为,发展好中国的新闻事业,需要从两个方面努力:"(甲)一切腐朽的丑恶的新闻界的动态,以及其从业员,凡是有碍新闻事业发展的一切事实,我们当尽我们的力量,毫不客气地予以打击和揭发。(乙)反之,

---

① 茅盾:《"左联"时期》,《新文学史料》1981年第3期。

为了积极方面把中国新闻事业纳入正规的路途,我们需要一种前进的科学的新闻理论,意识,和技术方面的完成。"①"记者座谈"秉持开放包容的理念,真诚地欢迎每一位新闻从业人员加入其中,为了吸引大家参与谈论,"记者座谈"不设领导人和领导组织,因此,"参与者谁都是指导者,同时也谁都是被指导者"②。"记者座谈"专栏初期主要交流大家对新闻工作的意见和想法,随着日本帝国主义的侵略加剧和民族危机的加深,"记者座谈"越来越关注时事政治,积极争取言论自由,"特别对帝国主义新闻侵略及新闻政策作了较系统的揭露和抨击"③。值得指出的是,"记者座谈"虽然标榜不归属于任何党派,但由于其主要创立者是袁殊,成员主要是进步青年记者,实际上起到了传播马克思主义新闻思想的作用。袁殊在回忆"记者座谈"时指出:"这些记者接受我提倡的新兴阶级的新闻理论,这一点我和恽逸群都同他们谈到。"④可见,"记者座谈"在某种程度上延续了"记联"的新闻主张。

20世纪30年代,袁殊凭借其特殊的身份背景和出色的政治能力,为上海左翼新闻运动的发展做出了重要贡献。他积极团结上海的进步记者,大量刊载左翼文化人士的文章,想方设法地为左翼新闻活动的开展提供各方面的保障。由于他是中共特科的秘密党员,还担负着为党组织搜集情报的重任,不得不隐瞒身份,有时甚至"奉命投敌",成为卧底。袁殊的卧底工作是非常出色的,他成功骗取了敌人的信任,打入了敌人内部,为党组织提供了大量重要情报。

然而,作为卧底的袁殊,不但不能公开自己为党组织和上海左翼新闻运动所做的贡献,反而要经常公开发表反对中国共产党和左翼新闻运动的言论,以此赢得敌人的信任,获取更多情报。这就难免使袁殊遭受不明真相的同志误解,有时还被骂为"汉奸",新中国成立后甚至蒙冤入狱。幸

① 陈瘦竹:《左翼文艺运动史料》,南京大学学报编辑部1980年印,第221页。
② 《〈记者座谈〉约言》,《大美晚报》,1934年8月30日。
③ 《上海新闻史:1850—1949》,第758页。
④ 《传播学研究集刊》第一辑,第98页。

而沉冤终有昭雪日,袁殊的冤案在生前得到平反,他为上海左翼新闻运动做出的卓越贡献被越来越多的人知晓。袁殊去世后,上海社会科学院为他举行了追忆座谈会,来自北京等地的很多新闻工作者和文化工作者参加会议。他们认为,袁殊是一名“杰出的共产主义战士”,他的一生“写下了许多有关新闻学方面的著作,发表过大量的文艺作品和译文,对我国新闻事业和文化工作做出了重要贡献”①。透过袁殊个人名誉的荣辱起伏,我们能够更深刻地理解 20 世纪 30 年代上海左翼新闻运动的艰难及“记联”的历史使命和时代价值。

第三节　恽逸群

恽逸群是 20 世纪 30 年代上海新闻界有名的记者之一,他所在的新声通讯社是上海最大的民营通讯社,在新闻界具有很大影响力。恽逸群在进入新声通讯社前,就已经加入了中国共产党,曾担任过中共武进县委书记、宜兴县委书记、萧山县委书记等地方重要职务。从事新闻工作后,恽逸群在中央文化工作委员会的领导下,积极与上海新闻界进步人士联络,争取他们在重大问题上与中国共产党保持一致立场,推动上海左翼新闻运动的发展。恽逸群在为党的新闻事业奔走呼吁的同时,笔耕不辍,撰写了许多反映和宣传马克思主义新闻思想的理论著作。“记联”成立后,恽逸群积极参加和支持“记联”的活动,他的新闻思想对于“记联”和“记联”盟员产生了重要影响。“记联”的重要领导人袁殊组织“记者座谈”后,恽逸群担任《大美晚报》“记者座谈”专栏编辑,编辑出版了很多“记联”盟员的新闻著作,进一步提升了“记联”的社会影响力。

恽逸群,原名钥勋,字长安,1905 年 1 月出生在江苏常州一个医学世家。恽逸群祖上六代行医,以精湛的医术闻名江南。恽家十分富足,但是

---

① 肖非:《袁殊纪念会在沪举行》,《新闻记者》1989 年第 1 期。

生活上从不奢侈,常常慷慨解囊帮助穷苦乡亲,还出资为乡里铺路修桥,有"仁医"的美名。恽逸群的父亲恽毓思弃医从政,曾任淮安盐务督销分局委员。恽逸群四岁时,父亲去世,恽逸群由母亲独自抚养长大。恽母对教育非常重视,恽逸群五岁时就被送到私塾,一直读到十五岁。十年的私塾学习,让恽逸群打下了坚实的传统文化基础。1920 年,恽逸群进入常州东吴第五小学的中学预科班学习。在这里,恽逸群接触到了《新青年》等进步期刊,陈独秀、胡适、钱玄同、刘半农等人倡导的新文化运动对恽逸群产生了很大影响。1921 年恽逸群考入上海大同大学数理专修科,但由于学费高昂,恽逸群在大同大学就读了一年后,不得不中途辍学。回到家乡后,恽逸群进入了无锡电话公司工作。但恽逸群并不甘心就此放弃学习,他利用业余时间广泛阅读进步书刊,如河上肇的《社会科学概论》《马克思主义的唯物史观》,克鲁泡特金的《互助论》,达尔文的《物种起源》,卢梭的《民约论》,孟德斯鸠的《万法精理》等。同时,恽逸群还结识了共产党员杨锡类和陈叔璇,从他们那里读到了中共中央机关刊物《向导》。

1925 年 5 月,上海爆发五卅运动的消息传来,恽逸群义愤填膺,当即决定前往上海支援反帝爱国斗争。到了上海,恽逸群见到了正在领导工人罢工的堂兄恽雨堂。恽雨堂既是中共党员,也是国民党员。恽雨堂根据形势需要,介绍恽逸群加入了国民党,并让他回常州发展组织。很快,恽逸群就在常州建立了国民党的十七个区党部,发展了一千多名党员。在革命实践中,恽逸群深刻认识到只有共产党才是反帝斗争的最坚决力量,并决定加入中国共产党。入党后,恽逸群更加积极地在常州各乡奔走,宣传马克思主义思想和共产党的主张。在恽逸群等人的努力下,常州进步青年踊跃加入中国共产党,国民党常州党部执行委员会的八名执委中,有七名申请加入了中国共产党,大大增强了党的力量。1927 年初,北伐军进入常州,革命形势一片大好。为了进一步发动群众,传播进步思想,恽逸群指导成立了《武进民国日报》。这份报纸名义上是国民党机关报,实际上宣传的很多都是中国共产党的主张。蒋介石发动四一二反革命政变后,《武进民国日报》被查封。恽逸群返回乡下老家,卖掉全部家产,以兴办学校作为掩护,秘密宣传马克思主义,表现出了一名共产党员的坚定立场。1928 年 2 月,恽逸群被任命为中共武进县委书记。在恽逸群的领导下,中共在常州开展起了轰轰烈烈的抗租斗争。1928 年 10 月,恽逸群被调往邻近的宜兴县任县委书记。1929 年 3 月,恽逸群奉命到上海开展工人运动。不久,上级又指派恽逸群前往浙江萧山重建被破坏的党组织。1930 年 2 月,中共萧山县委成立,恽逸群被推举为县委书记兼组织部部长。1931 年,因抵制王明推行的极"左"路线,恽逸群遭到排斥,黯然回到常州老家。

　　1932 年 8 月,恽逸群再次来到上海,在好友的引荐下,进入上海新声通讯社从事编辑工作。在新声通讯社,恽逸群在文字写作方面的才华得以尽情施展,他先后采访了马寅初、孔祥熙等著名人物,自己的名气也日渐增长。1933 年,恽逸群参加袁殊等发起的"记者座谈",与很多进步青年记者一起,猛烈批判上海新闻界的种种不良现象,积极探索社会主义新闻思想。后来《大美晚报》开辟"记者座谈"专栏,恽逸群等承担起了编辑工作。1935 年 12 月,一二·九运动爆发,受此鼓舞,上海成立了上海文化界救国会、上海各界救国联合会等爱国组织,恽逸群在这些组织内担任新闻干事,负责爱国救亡活动的宣传工作。救国会机关报《救亡情报》创办后,恽逸群兼任编委和编辑。此时,中共中央派冯雪峰到上海领导左翼文化运动、开展统战工作。恽逸群在冯雪峰的领导下,积极联络救国会和上层人物,如沈钧儒、黄炎培、李公朴、陶行知、邹韬奋等人,说服他们在重要政治问题上与中国共产党保持一致立场。八一三淞沪抗战失败后,日本侵略军占领上海,实施严格的新闻审查制度,上海绝大多数抗日报纸被迫停止出版。恽逸群利用英美报刊的特权,将撰写的抗日爱国文章在租界里的英美报刊公开发表,成为在上海沦陷后首先举起抗日言论大旗的旗手,《华美晨报》《大美报》《每日译报》《导报》等十几家报刊先后聘请恽逸群担任主笔和总编辑。恽逸群的文章,极大地鼓舞了上海人民的抗日热情,但他也因此上了日本特务组织的暗杀名单。

恽逸群后来被誉为"无产阶级新闻战士"①,不仅是因为他长期从事党的新闻工作、将自己的一生献给了党的新闻事业,而且是因为他在开展党的新闻工作实践中,围绕无产阶级新闻事业的立场、原则、方法等问题做了大量思考,撰写了一系列重要著作,为马克思主义新闻思想和无产阶级新闻理念在中国的传播和发展做出了重要贡献。20 世纪 30 年代,恽逸群在上海党组织的领导下,活跃于上海新闻界和知识界中,努力学习和积极践行马克思主义新闻思想,有力促进了上海左翼新闻运动的蓬勃发展。作为"记者座谈"的主要成员和责任编辑,恽逸群对马克思主义新闻思想的思考和探索,对"记联"成员产生了重要影响。恽逸群对马克思主义新闻思想的思考,主要集中在以下几个方面:

第一,人民性是马克思主义新闻思想基本特性。恽逸群认为,马克思主义新闻思想同资产阶级新闻思想的一个最主要区别在于,前者选择站在广大人民群众的立场上,为无产阶级的利益说话,而后者选择站在资产阶级的立场上,为大资本家的利益代言。恽逸群强调,无产阶级新闻记者的责任是做民众的"耳目"和"喉舌"。他说:"一个正确的新闻纸,它要真正能做到为大众的耳目,为大众的喉舌,记载真实的、大众应该知道的事实,说大众要说的话。"②关于无产阶级报纸坚持人民性的重要意义,恽逸群指出:"我们要明白所谓新闻纸的权威,新闻纸的力量,决不是指报人本身有什么权威、什么大的力量,也决不是完全信赖政府的维护而会发生力量,是要站在民众的立场上,代表民众说话,获得数千万的民众为后盾,才能发生巨大的力量,以克服钳制舆论的缠锁。"③这段论述表明,恽逸群深刻认识到,新闻报纸的力量来自人民群众,只有紧紧依靠人民群众,新闻报纸才有可能摆脱国民党的出版审查,才有可能实现新闻自由。为了彰显无产阶级新闻的人民性,恽逸群主张通过新闻报纸教育和指导民众。

---

① 顾雪雍:《恽逸群》,人民日报出版社 2005 年版,第 1 页。

② 同上书,第 63 页。

③ 恽逸群:《恽逸群文集》,江苏人民出版社 1986 年版,第 250 页。

恽逸群认为,报纸不仅要代表大众说话,"更应该积极地指导大众,教育大众,组织大众"①。这些论述进一步丰富了马克思主义新闻思想人民性的内涵。

第二,真实性是马克思主义新闻思想的灵魂。恽逸群对民国时期新闻界的种种乱象十分不满,尤其是对假新闻的泛滥痛心疾首。当时的上海新闻界,"造谣污蔑的'新闻'屡见不鲜,在黄色小报上更是铺天盖地。著名电影明星阮玲玉因'人言可畏'而自杀,实际就是被一批造谣记者逼死的。这些数以百计的小报,满篇是妓女、交际花、舞女的'风流艳史'、'闺阁秘闻',乌七八糟,毒害人民"。②为此,恽逸群反复呼吁:"新闻必须真实,这是天经地义的。如果不真实,那就不是新闻,而是谣言,是没有价值的。"③针对一些记者借口假新闻是行业潜规则,而心安理得地制造假新闻的现象,恽逸群义愤填膺地说:"一切良心未泯的同业们,我们应和无耻抗争,就是不得已而不能讲良心上要讲的话,记载亲见的事实,最低限度我们总可以不照着、跟着无耻的人们散布谣传吧。"④既然新闻的真实性极为重要,那么如何判断一条新闻是否真实呢? 恽逸群提出了三种判断方法:一是考虑其可能性。恽逸群指出:"一切社会现象,都不是凭空发生的,有了前因才有后果,无论什么变动,必先经过相当时期的酝酿。"⑤二是考虑新闻线索提供者的背景及其与新闻内容的关系。三是了解新闻线索提供者平时的信誉如何、是否可靠。此外,恽逸群还强调,刊发外地新闻时,要尽量通过驻外记者核实,"对于自己也没有把握的事,最好不要马马虎虎地就采用刊载,因为我们的报上,每一个字都应向读者负责的,你不能把自己也不相信的事,叫广大读者去相信它"。⑥恽逸群关于新闻

---

① 《恽逸群文集》,第240页。
② 顾雪雍:《奇才·奇闻·奇案——恽逸群传》,上海人民出版社1996年版,第67页。
③ 《恽逸群文集》,第259页。
④ 恽逸群:《良心与天职》,《大美晚报》1936年3月26日。
⑤ 童兵、林涵:《20世纪中国新闻学与传播学》理论新闻学卷,复旦大学出版社2001年版,第275页。
⑥ 恽逸群:《新闻学讲话》,华中新华书店1948年版,第23—25页。

真实性的阐述,进一步丰富和完善了马克思主义新闻思想。

第三,新闻报道必然有一定的立场,没有绝对客观的新闻。针对在民国时期具有较大影响的盲目追求客观性的资产阶级新闻理念,恽逸群从马克思主义的立场进行了猛烈批判。恽逸群认为:"虽然新闻材料是客观存在的,不能凭空捏造或加油添酱,使它变质,但你所以要写这则新闻,所以要用那样的角度来写新闻,便必然有一个立场,希望读者得到什么影响。即使这则新闻不过只是为了'博读者一笑',那么也包含着'博什么人一笑'的问题,也就是为什么人服务的问题。新闻记者的方式是通过事实的叙述,而不是发表主观的议论或判断。"①恽逸群总结道:"新闻既与一定的政治立场及政治态度不能分开,其制作的全过程,从材料的搜集、写作到编辑、出版,都是经过选择的,那就无所谓'客观'、'不客观',更不所谓'纯客观'。你访问甲,为什么不访问乙? 你写这一方面,为什么不写那一方面? 这个写的如此详尽,那个又为什么写的那样简单? 抬出'客观'牌子来,就无法解释得通。我们对新闻工作者的要求,应该是力求真实,而不是力求客观。"②在对新闻客观性进行深入分析的基础上,恽逸群进一步驳斥了资产阶级虚伪的"新闻自由"理念。恽逸群说:"自由是不能离真理而独立存在的,符合真理的自由才是真自由,是人民大众所拥护的自由;违背真理的'自由'则是伪自由,是人民大众所要反对,所要消灭的。……什么叫做真理呢? 真理就是最大多数人民的最大的最长远的利益。革命与反动的分别就在掌握真理与违背真理,也就是为了剥夺最大多数人民的利益而致力。对于违背真理的,也就是以危害最大多数人民的利益为目的的'新闻自由',应该加以限制,也必须加以限制,否则就是助长了反动派的'杀人自由'。"③恽逸群对资产阶级所谓新闻客观性和

① 转引自安宜生:《安宜生文存——新闻实践论》,中国文联出版社2004年版,第240页。
② 转引自丁淦林、商娜红:《聚焦与扫描:20世纪中国新闻学与传播学研究》,新华出版社2005年版,第246—247页。
③ 《20世纪中国新闻学与传播学》理论新闻学卷,第274页。

"新闻自由"的深刻批判,在今天看来仍然具有重要价值。

恽逸群既是党的新闻事业的重要开拓者,也是党的新闻理论的重要奠基人。他对新闻人民性、新闻真实性、新闻客观性、新闻自由等重要问题的深刻思考,进一步推动了马克思新闻思想在中国的传播和发展,他在华中新闻专科学校讲课的讲稿《新闻学讲话》"多次公开出版,分别有冀中版、华中版、胶东版,可见各地对该书的迫切与广泛的需要,也说明这本书作为无产阶级新闻学理论的专著,在中国马克思主义新闻学建设中的地位。"①换言之,恽逸群是马克思主义新闻思想中国化的重要推手。他对马克思主义新闻思想的探索和思考,通过著书立说、参加"记者座谈"等方式,激励和鼓舞了许多进步青年记者积极加入"记联"等左翼新闻团体,为上海左翼新闻运动的蓬勃发展做出了重要贡献。

① 童兵、林涵:《20 世纪中国新闻学与传播学(理论新闻学卷)》,复旦大学出版社2001 年版,第 276 页。

第五章

"记联"的解散

　　1935 年七八月间召开的共产国际七大确定了建立世界反法西斯统一战线战略,中共驻共产国际代表团也以中共中央名义起草并发表了著名的《八一宣言》。1936 年前后,随着日本帝国主义侵略活动的加剧,中共中央制定实施抗日民族统一战线政策,把"反蒋抗日"方针调整为"逼蒋抗日"和"联蒋抗日"。与此同时,国民党内部"联共抗日"呼声越来越大,抗日民族统一战线建立的条件日趋成熟。这种情况表明,中日民族矛盾正在逐渐超越国内阶级矛盾上升为社会主要矛盾,那么以反对阶级压迫为核心追求的左翼文化团体的主张,已经不能充分反映时代最紧迫的需要了。

第一节 "记联"解散的背景

"记联"是 20 世纪 30 年代推动上海左翼新闻运动蓬勃发展的关键力量,"记联"及其盟员在中国共产党的领导下,一方面努力研究马克思主义新闻思想的基本原理,并将其与民国时期中国的新闻业实际相结合,对资产阶级腐朽的新闻观展开批判,创造性地提出"新闻大众化"等适合中国国情的马克思主义新闻理念;另一方面,他们借助自己所掌握的报纸和期刊资源,全力配合中共中央宣传部和中央文化工作委员会的工作,发表文章揭露国民党政府的专制和残暴,想方设法地宣传马克思主义思想和中国共产党的主张,有力地扩大了党的宣传阵地。另外,"记联"及其盟员还积极支持中国共产党领导下的其他左翼文化团体提升社会影响,为"左联""社联""教联""美联""剧联"等提供思想传播的媒介平台,对 20 世纪30 年代上海左翼文化运动的兴盛具有独特贡献。

然而,在 1936 年以后,"记联"就停止了有组织的活动,其盟员也先后转入了其他新闻协会或记者协会,作为一个"团体"的"记联"实际上自行解散了。"记联"究竟为什么会自行解散? 其具体原因何在? "记联"解散的准确时间又是在什么时候呢? 为了更好地回答这些问题,我们有必要先了解一下 1936 年前后国际国内形势及党内形势发生的巨大变化,并深刻认识这些变化对于上海左翼文化运动和"记联"的重大影响。

在国际方面,法西斯势力正在加速扩张,逐渐形成轴心国集团,准备用暴力手段征服全世界,构成了人类和平与安全的最大威胁。法西斯势力首先在意大利兴起。由于意大利统一较晚,在工业化发展道路上落后于美英法德等国,因此,列宁把意大利称为"穷人的帝国主义"①。1922 年"国家法西斯党"利用经济危机中人民的普遍不满

---

① 列宁:《列宁全集》第 21 卷,人民出版社 1959 年版,第 337 页。

情绪,成为意大利政坛第一大党,墨索里尼同时兼任内阁首相、内政大臣和外交大臣三个重要职务,牢牢掌握了意大利的内政外交大权。法西斯政权建立和巩固后,墨索里尼明确了对外扩张的方向,制定和实施了一系列扩军备战政策,包括鼓吹个人崇拜,加强个人集权,巩固独裁统治,镇压民主人士,重点发展军事工业,灌输对外扩张思想和种族优越论等,建立起了一套以军事化为核心的法西斯主义政治、经济、文化和教育体制。①

德国法西斯势力的兴起有着与意大利相似的社会历史原因。作为第一次世界大战的战败国,德国受到了《凡尔赛和约》的严厉制裁,这种制裁大大加重了德国民众的负担,引发强烈的民族复仇主义心理,极端民族主义情绪迅速高潮起来,德国法西斯势力趁机崛起。1934 年,希特勒同时兼任德国总统、总理和军队最高统帅关键职位,完全掌握了德国大权。接着,希特勒开始大力发展军事工业,无视《凡尔赛和约》的限制,大幅度提高陆军数量,积极发展空军和海军,并煽动种族主义,疯狂屠杀犹太人。到了 1936 年,希特勒公然违反《凡尔赛和约》和《洛迦诺公约》,出兵占领莱茵河地区,而英法对此采取了姑息养奸的态度,"这件事大大地提高了希特勒在德国最高权力阶层中的声望和权威,也鼓励着他能够继续前进,进行更大胆的尝试"。②

日本的法西斯势力也是利用广大中下层民众对社会现状的不满壮大起来。1931 年 6 月,日本国民党等十九个团体试图联合起来,组成统一的法西斯主义大日本生产党,但因为内部分歧和争吵较大,并未成功。③对比之下,日本军队的法西斯势力较为统一,实力雄厚,对政局的影响很大。1931 年 9 月,日本军部法西斯分子策划并制造了九一八事变,侵占

---

① 军事科学院军事历史研究部:《第二次世界大战史:第 1 卷(大战的起源、酝酿与爆发)》,军事科学出版社 1995 年版,第 163 页。
② 温斯顿·S.丘吉尔:《第二次世界大战回忆录》上册,中国画报出版社 2015 年版,第 86 页。
③ 军事科学院军事历史研究部:《第二次世界大战史:第 1 卷(大战的起源、酝酿与爆发)》,军事科学出版社 2015 年版,第 84 页。

中国东北三省,日本内阁被迫接受了对外战争和法西斯政策。1934 年 10 月,日本陆军省发布《国防之本义及其强化》小册子,叫嚣"战争乃创造之父、文化之母",公然鼓吹发动对外战争。到了 1936 年,日本法西斯政府通过了决定国策的纲领性文件《国策基准》,确定了对外扩张的基本方针,主要战略是向北进攻苏联,向南夺取东南亚,向西占领中国,向东对抗美国。

可以看到,1936 年前后,意大利、德国和日本的法西斯势力,不仅在各自国家篡夺了最高权力,建立了法西斯专制统治,而且制定扩军备战的基本国策,走上了通过武力侵占其他国家领土的扩张道路。更令人忧虑的是,在 1936 年 11 月,德国和日本的法西斯勾结起来,签订了合作协定,为法西斯轴心国集团的形成奠定了基础。在这种情况下,全世界爱好和平与民主的力量只有团结起来,紧密合作,相互配合,共同抗击法西斯势力的侵略,才能赢得最后的胜利。因此,到了 1936 年前后,国际上法西斯势力咄咄逼人的扩张势头,已经迫使左翼的共产主义力量不得不与其所反对的右翼资本主义势力联合起来,共同抵抗法西斯主义。为此,很多左翼组织主动减少或停止了阶级斗争活动,尽力避免与资产阶级势力直接冲突,并积极组建包含资产阶级力量在内的反法西斯和反侵略组织。

国内方面,随着日本法西斯侵略步伐的加快,国民党和南京国民政府内部对"不抵抗"政策的不满逐渐加剧。1931 年 9 月 18 日夜,日本侵略军炮轰沈阳北大营,制造了震惊中外的九一八事变,次日占领了沈阳城,并继续进攻东北三省的其他城市。面对日本的侵略暴行,蒋介石采取了"不抵抗"的政策,幻想通过"国际干预"解决问题。他在南京国民党党员大会上的演讲中说:"我国民此刻必须上下一致,先以公理对强权,以和平对野蛮,忍痛含愤,暂取逆来顺受态度,以待国际公理之判断。"[1]

---

[1]　上海社会科学院历史研究所:《"九一八"—"一·二八"上海军民抗日运动史料》,上海社会科学出版社 1986 年版,第 4 页。

蒋介石对外推行软弱"不抵抗"政策,对内却加紧了蛮横的镇压。1932年6月,蒋介石在庐山制定了针对中国共产党领导的革命和抗日力量的第四次军事"围剿"计划,并亲自担任豫鄂皖三省"剿匪"总司令,调集四十万兵力分别进攻湘鄂西苏区和鄂豫皖苏区。年底,又调集三十多个师的兵力进攻中央苏区,不久被中央红军击败。1933年9月,坚持"攘外必先安内"的蒋介石又集中一百万兵力,采取"堡垒主义"战术,对中央苏区发动第五次军事"围剿"。由于此时在中央苏区中,"左"倾教条主义占据上风,拒绝接受毛泽东的游击战建议,而用阵地战对抗国民党军队的"堡垒战术",红军陷于被动地位。1934年10月,中共中央和中央红军被迫转移,开始长征。蒋介石则调集军队,围追堵截,继续进行内战。

1935年,日本帝国主义利用国民党的"不抵抗"政策,在华北挑起一系列事端,企图将华北变成第二个东北。1月15日,日本侵略军制造了"察东事件",迫使国民党当局承认察哈尔沽源以东地区为"非武装区"。3月,日本侵略军占领热河省会承德。5月,日本侵略军占领密云、滦县、玉田、秦皇岛等冀东地区,威胁北平和天津。6月中旬,日本侵略军代表梅津美治郎与国民党北平军事长官何应钦签订了臭名昭著的"何梅协定",逼迫中国军队撤出北平、天津和河北。10月,日本关东军代表土肥原贤二向平津卫戍司令宋哲元提出了"通电设立华北自治政府,将南京任命的华北官员一概罢免"的无理要求,同时日本国内还炮制了对华政策的所谓"广田三原则",即:(一)使中国方面彻底取缔排日的言论和行动,摆脱依靠欧美的政策,同时采用对日亲善政策;(二)中国应在事实上承认"满洲国"及日本在华北的特殊利益;(三)中日共同防共,实行华北与"满洲国"之间的经济、文化合作,共同防止来自外蒙古边境方面的"赤化"威胁。①11月,日本在河北扶植汉奸殷汝耕成立"冀东防共自治政府",控制了冀东地区二十二个县。在日本帝国主义的侵略行径日益猖獗的情况下,蒋介石仍然准备采取"不抵抗"的政策,这遭到了全国人民的一致反

---

① 何理:《中国人民抗日战争史》,上海人民出版社2015年版,第19页。

对。1935年12月9日,三千多名北平学生发起示威游行,高呼"反对日本帝国主义""停止内战,一致对外"等口号。各地群众和爱国人士纷纷响应,要求国民党当局"立即出兵,驱逐日寇"。在国民党内部,胡汉民公开表示不同意"不抵抗"政策,两广势力要求出兵抗日,冯玉祥严厉指责对日妥协行径,①广大中下级军官更是义愤填膺,希望国民党当局下令与日本侵略军决一死战。

1936年12月12日爆发的西安事变深刻地反映了国民党内部高级将领对蒋介石"不抵抗"政策的强烈不满。西安事变发生后,以宋庆龄、何香凝等为代表的国民党左翼人士表示拥护张学良提出的抗日主张,而以何应钦等为代表的国民党亲日派则主张派兵攻打西安,挑起大规模内战。这时,中国共产党从国家前途和民族大义出发,提出了和平解决西安事变的方针,并派周恩来前往西安,帮助解决西安事变。12月25日,在蒋介石答应联共抗日之后,张学良护送蒋介石返回南京,西安事变得到和平解决。此后,中国共产党与国民党摒弃前嫌,建立统一战线,开启了具有重要历史意义的第二次合作,共同抗击日本侵略者。

中国共产党敏锐地看到了民族矛盾和阶级矛盾的此消彼长关系,努力团结一切可以团结的力量,抵抗日本帝国主义的侵略,并将工作方针由"反蒋抗日"发展为"逼蒋抗日"和"联蒋抗日",确立和推行了抗日民族统一战线政策。在1935年,中国共产党尽管已经看到国民党当局内部在抗日问题上的严重分歧,但是由于蒋介石仍然坚持对外"不抵抗"和对内镇压的政策,因此,一直坚持的是"反蒋抗日"的方针。中共中央在1935年10月发出的秘密指示信中历数蒋介石的种种罪行,明确指出"反日讨蒋是党的主要任务"②。当月,毛泽东在《清平乐·六盘山》一词中写道:"今日长缨在手,何时缚住苍龙?"苍龙两字后,毛泽东批注:"苍龙:蒋介石。"③

---

① 余子道:《一·二八淞沪抗战》,上海人民出版社2016年版,第28页。

② 中共中央文献研究室、中央档案馆:《建党以来重要文献选编(1921—1949)》第12册,中央文献出版社2011年版,第429页。

③ 中共中央文献研究室:《毛泽东年谱(1893—1949)》上卷,中央文献出版社2002年版,第479页。

11月13日,中共中央发表《为日本帝国主义吞并华北及蒋介石出卖华北出卖中国宣言》,指出"抗日反蒋是全中国民众救国图存的唯一出路!一切'反蒋不能抗日'、'先反蒋后抗日'的思想,是反革命派别的欺骗宣传,其作用也不外给日本帝国主义做辩护士"①,并痛斥蒋介石是"中国有史以来最大的汉奸卖国贼"②。12月,中共中央在瓦窑堡召开会议,重申了"反蒋抗日"的基本方针,明确党的路线是"在发动、团聚与组织全中国全民族一切革命力量去反对当前主要的敌人:日本帝国主义与卖国贼头子蒋介石"③。

到了1936年,随着日本帝国主义侵略活动的加剧,中国共产党开始调整政策,用"逼蒋抗日"和"联蒋抗日"取代过去的"反蒋抗日"。1936年1月,毛泽东、王稼祥在与《红色中华》记者谈话时指出:"中华苏维埃政府对于蒋介石的态度非常直率明白。倘蒋能真正抗日,中华苏维埃政府当然可以在抗日战线上和他携手。"④2月21日,中华苏维埃人民共和国中央政府发表的《关于召集全国抗日救国代表大会通电》中,不再提"反蒋"口号,并号召立即召集全国抗日救国代表大会,正式组织国防政府与抗日联军,开始实行抗日战争的具体步骤。4月25日,中共中央在《为创立全国各党各派的抗日人民阵线宣言》中呼吁:"不管我们相互间有着怎样不相同的主张与信仰,不管我们相互间过去有着怎样的冲突和斗争,然而我们都是大中华民族的子孙,我们都是中国人,抗日救国是我们的共同要求。为抗日救国而大家联合起来,为抗日救国而共赴国难,是所有我们中国人的神圣的义务!"⑤5月5日中共中央发表《停战议和一致抗日通电》,指出:"为了保存国防实力,以便利用迅速执行抗日战争,为了坚决履

---

① 《建党以来重要文献选编(1921—1949)》第12册,第444页。
② 同上书,第473页。
③ 同上书,第536页。
④ 中国社会科学院近代史研究所中华民国史研究室:《中华民国史大事记》第7卷,中华书局2011年版,第5066页。
⑤ 中共中央文献研究室、中央档案馆:《建党以来重要文献选编(1921—1949)》第13册,中央文献出版社2011年版,第104页。

行我们屡次向国人宣言停止内战一致抗日的主张,为了促进蒋介石氏及
其部下爱国军人们的最后觉悟,故虽在山西取得了许多胜利,然仍将人民
抗日先锋军撤回黄河西岸。以此行动,向南京政府、全国海陆空军、全国
人民表示诚意,我们愿意在一个月内与所有一切进攻抗日红军的武装队
伍实行停战议和,以达到一致抗日的目的。"①1936 年 9 月,中共中央向
全党发出关于逼蒋抗日问题的指示信,明确指出:"目前中国的主要敌人,
是日帝,所以把日帝与蒋介石同等看待是错误的,'抗日反蒋'的口号,也
是不适当的……我们的总方针应是逼蒋抗日。"②此时,中国共产党正式
以"逼蒋抗日"的口号取代了此前的"反蒋抗日"口号。

　　中国共产党对蒋方针的变化和抗日民族统一战线政策的制定实施,
既是中国共产党在革命实践中根据本国实际和时代要求作出的战略选
择,也受到了共产国际的影响。1935 年七八月间,共产国际在莫斯科召
开第七次代表大会,来自世界各地的 510 名代表出席大会。由于中共中
央此时正在进行长征,并一度与共产国际失去联系,因此,中共驻共产国
际代表团成员王明、康生等成为中共代表的核心人物,出席共产国际七
大。在这次会议上,季米特洛夫作了题为《法西斯主义的进攻和共产国际
为工人阶级的反法西斯主义的统一而斗争的任务》的报告,认为建立在反
法西斯纲领基础上的"统一战线政府",是"无产阶级的先锋队与其他反法
西斯各政党合作的工具,为的是全体劳动人民的利益,是一个对法西斯和
反动派进行斗争的政府",并表示赞成中国共产党"同中国一切决心真正
救国救民的有组织的力量,结成反对日本帝国主义及其走狗的广泛的反
帝统一战线"的主张。③8 月 29 日,大会通过了《法西斯的进攻和共产国
际在争取工人阶级统一,反对法西斯的斗争中的任务》的决议,号召各国

①　中共中央文献研究室、中央档案馆:《建党以来重要文献选编(1921—1949)》第 13
　　册,中央文献出版社 2011 年版,第 116 页。
②　《建党以来重要文献选编(1921—1949)》第 13 册,第 276 页。
③　中国社科院近代史研究所翻译室:《共产国际有关中国革命文献资料》第 2 辑,中
　　国社会科学出版社 1982 年版,第 392 页。

共产党结合本国情况,克服"自满自足的关门主义",建立"广泛的统一战线"。9 月 24 日,共产国际执行委员会书记处批准了中共代表团在 7 月中旬起草的《中国苏维埃政府、中国共产党中央为抗日救国告全体同胞书》(即《八一宣言》①),该宣言呼吁:"无论各党各派间在过去和现在有什么政见和利害的不同,无论各界同胞间有任何意见上或利益上的差异,无论各军队间过去和现在有任何敌对行动,大家都应该有'兄弟阋于墙外御其辱'的真诚觉悟,首先大家都应当停止内战,以便一切国力(人力、物力、财力、武力等)去为抗日救国的神圣事业而奋斗。"②

1936 年 7 月,共产国际执行委员会书记处再次建议中国共产党建立统一战线。季米特洛夫指出:"蒋介石本人不想搞统一战线,害怕统一战线,但是,必须在中国制造一种应有的局势,必须在蒋介石的军队中和国民党内部制造一场运动,让蒋介石被迫接受抗日统一战线,让蒋介石率领南京军队的其他将领加入共同的抗日统一战线。"③9 月,张闻天主持召开中共中央政治局扩大会议,通过了《中共中央关于抗日救亡运动的新形势与民主共和国的决议》,指出:"日本帝国主义是能够战胜的,但是需要全中国各党、各派、各军、各界的共同行动与艰苦卓绝的奋斗","在日寇继续进攻、抗日救亡运动继续发展、国际形势新的变动等条件之下,国民党南京政府有缩小以致结束其动摇地位,而转向参加抗日运动的可能","推动国民党南京政府及其军队参加抗日战争,是实行全国性大规模的严重的抗日武装斗争之必要条件","为此目的,共产党应继续坚持'停止内战,一致抗日'的口号,反对一切在民族危亡面前自相残杀的内战"。④同时,

---

① 　《八一宣言》,指的是 1935 年 7 月中旬,中共驻共产国际代表团根据华北事变后国内民族危机加深的严峻局势,在共产国际指导下起草的《中国苏维埃政府、中国共产党中央为抗日救国告全体同胞书》,为了纪念 8 月 1 日的中国工农红军建军节和国际反战日,中共代表团决定将文件发表日期签署为 8 月 1 日,故称《八一宣言》。1935 年 10 月 1 日,该文在法国巴黎出版的《救国报》第 10 期上公开发表。

② 　中央统战部、中央档案馆:《中共中央抗日民族统一战线文件选编》中册,档案出版社 1985 年版,第 16 页。

③ 　黄修荣:《抗日战争时期国共关系纪事》,中共党史出版社 1995 年版,第 115 页。

④ 　《建党以来重要文献选编(1921—1949)》第 13 册,第 283—284 页。

中共中央还派遣潘汉年到上海与国民党代表陈立夫进行秘密谈判,争取建立抗日民族统一战线。中共中央在给潘汉年的电报中指出:"红军在彼方忠实地与明确地承认其参加抗日救亡之前提下,可以改换抗日番号,划定抗日防地,服从抗日指挥。在这些上面我们并不坚持形式上的评定,也不须用两个政府出面谈判,但是必须两党(不是两政府)平等地签订抗日救亡之政治军事。"①国共之间的秘密谈判,进一步缓和了国共关系,为抗日民族统一战线的建立准备了条件。

概而言之,在1936年,国际上法西斯势力加紧对外扩张,并勾结起来企图占领全球,左翼力量必须与其他力量联合起来才能打败法西斯主义;在国内,日本帝国主义加紧了对华侵略步伐,制造了所谓"华北五省自治运动",企图将华北变成第二个"满洲国",南京国民政府内部主张"联共抗日"呼声越来越大,以致爆发了西安事变;中国共产党方面,根据形势发展需要,把"反蒋抗日"方针调整为"逼蒋抗日"和"联蒋抗日"政策,与国民党进行秘密谈判,帮助和平解决西安事变,促成了抗日民族统一战线的建立。国际国内形势的变化和党的政策的调整,都指向了同一个目标:一切反法西斯力量联合起来,反对侵略战争,捍卫民族独立与世界和平。换言之,世界范围内反对法西斯侵略的民族矛盾压倒了反对资本家压迫的阶级矛盾,全世界各阶级人民的首要任务是,联合起来反抗法西斯的独裁统治和民族侵略战争。这就是"记联"解散的时代背景。

第二节　"记联"解散的时间

1936年前后国内外形势的深刻变化,以及中国共产党为此作出的政策调整,促使左翼文化团体收束历史使命,其成员为此根据抗日民族统一

① 中共中央文献研究室:《毛泽东年谱(1893—1949)》上卷,中央文献出版社2013年版,第620—621页。

战线大局的需要,转入覆盖范围更广的反法西斯和反侵略战争的文化团体中。在这种历史背景下,左翼文化团体陆续解散。那么,作为左翼文化团体中的一员的"记联",它的解散决定是如何做出的? 解散的具体时间是什么时候? 解散的标志是什么呢?

中华书局在 1957 年出版的《中国出版史料补编》中,收录了《中国左翼新闻记者联盟史略》一文。这篇文献提供的"记联"信息,被日后出版的诸多百科全书和新闻辞典广泛引用。该书关于"记联"解散时间一事的记载为:"由于抗日民族统一战线的形成,至一九三六年五月完成了历史任务而宣告结束。"①根据上述记载,"记联"解散的原因是为了配合建立抗日民族统一战线,解散的具体时间是 1936 年 5 月。此后,很多学者的著作中,关于"记联"解体的时间,都沿用了这一说法,只是语言上的表述略有不同。如《民国会社党派大辞典》一书这样写道:"1936 年 5 月,为建立更广泛的文化界抗日民族统一战线而自动停止活动。"②《中国新闻学之最》一书这样描写:"1936 年 5 月抗日民族统一战线形成后,'记联'自行解散。"③发表在《新闻前哨》杂志的《中国左翼新闻记者联盟》一文则是这样记述的:"1936 年 5 月,'记联'顺应建立抗日民族统一战线的需要而宣布自动解散。"④《南京国民政府前期新闻舆论管控机制研究》一书中对于"记联"解体时间的记述更为简略:"1936 年 5 月自动解散。"⑤总之,上述材料的结论是:"记联"解散于 1936 年 5 月。

但是这个时间有两个存疑之处:第一,包括《中国左翼新闻记者联盟史略》在内上述所有论著,尽管异口同声地指出"记联"解散于 1936 年 5 月,但是却都没有给出任何依据。论著中既没有当时的宣言或相关报道证明"记联"的解散时间,也没有当事人的回忆录作为参考,那么"1936 年

---

① 《中国出版史料补编》,第 312 页。
② 蔡鸿源、徐友春:《民国会社党派大辞典》,黄山书社 2012 年版,第 113 页。
③ 方汉奇、李矗:《中国新闻学之最》,新华出版社 2005 年版,第 238 页。
④ 孙萍、赵云泽:《中国左翼新闻记者联盟》,《新闻前哨》2012 年第 2 期。
⑤ 刘永生:《南京国民政府前期新闻舆论管控机制研究》,中国言实出版社 2013 年版,第 180 页。

5月"这个时间是怎么来的呢？第二，在上述关于"记联"的所有论著中，都没有"记联"在1936年的任何活动信息。《中国左翼新闻记者联盟史略》中关于"记联"活动的最晚一条记载是："到一九三五年秋，总结经验，认为非再建立一个公开的机构不可。于是又决定办了中华新闻社，对外发稿。"①其他论著同样如此。我们当然不能草率地以"现有材料中没有'记联'在1935年底以后的活动的记载"为依据，得出"记联"解散于1935年底的结论。但是，在没有发现"记联"1936年有过活动的任何证据之前，我们同样无法证明"记联"在1936年仍然存在。

实际上，目前已经有一些与"'记联'解散于1936年5月"这一结论不同的著作出版，它们大多认为"记联"解散于1935年底或1936年初。曾经担任过"记联"党团常委和宣传部部长的郑伯克，在回忆录中写道："为贯彻宣言精神，开展救亡运动，1935年冬，中共中央宣传部文化工作委员会（简称"文委"）决定解散社联、教联、左联（中国左翼作家联盟）、影联（中国左翼电影工作者联盟）、剧联（中国左翼戏剧家联盟）、美联（中国左翼美术家联盟）、语联（中国世界语联盟）、记联等八大联。"②按照亲历者郑伯克的回忆，"记联"的解散时间是1935年冬。这种看法并非郑伯克所独有。1991年出版的《上海革命文化大事记》中记载："文委召集各联党团领导人讨论了上述'告同胞书'、'政治报告'及萧三的来信，鉴于抗日救亡形势的迅速发展，原有的团体已不能适应需要，必须建立更为广泛的组织，决定解散文总及所属各团体。1935年底，各左翼团体陆续解散。"③也有学者认为，"记联"解散于1936年初，如丁晓平在著作中说："周扬、胡鼎新、陈延庆、邓洁等人经过开会研究，决定在1936年初解散'文总'及其下属各组织，并根据当前国内抗日救国的形势，成立各界抗

---

① 《中国出版史料补编》，第311—312页。
② 郑伯克：《白区工作的回顾与探讨——郑伯克回忆录》，中共党史出版社1999年版，第41页。
③ 中共上海市委党史资料征集委员会：《上海革命文化大事记：1937.7—1949.5》，上海翻译出版公司1991年版，第278—279页。

日救国会。"①这里的"下属各组织"自然指的是包括"记联"在内的"八大联",也就说是,丁晓平认为,"记联"解散于 1936 年初。还有学者的观点处于上述两种观点之间,认为"记联"解散于 1935 年底 1936 年初,如 2015 年出版的《抗战时期的上海文化》一书指出:"1935 年底 1936 年初,为适应抗日救亡运动的新形势,决定解散左联,剧联、社联等左翼文化团体也相继解散,文总也于 1936 年初解散。"②不管是"记联"解散于 1935 年底的观点,还是解散于 1936 年初观点,或者是解散于 1935 年底 1936 年初观点,使用的都是比较模糊的表述,彼此之间的时间间隔并不很大,基本上可以概括为一种观点,即认为"记联"解散于 1935 年底 1936 年初。

可以看到,围绕"记联"解散时间的问题,学术界产生了两种不同的观点。一种观点认为,"记联"解散于 1936 年 5 月,直接原因是建立抗日民族统一战线的需要;另一种观点认为,"记联"解散于 1935 年底 1936 年初,直接原因是《八一宣言》精神、"萧三来信"指示及"文委"的决定。

先来分析一下"1936 年 5 月"说。正如前文所述,持这种观点的论著,并没有给出"记联"在 1936 年 5 月解散的宣言或类似的证明文件,也没有给出 1936 年 5 月发生的与"记联"解散直接相关的事件,甚至没有给出"记联"在 1935 年底之后的任何活动信息。但是,它们在写下"1936 年 5 月"这个时间的同时,大都提到了"抗日民族统一战线"一词,并将此作为"记联"解散的直接原因。那么,在 1936 年 5 月,中国发生的涉及抗日民族统一战线的大事有哪些?最有可能与"记联"解散直接相关的又是哪件呢?根据中国经济出版社 1988 年出版的《抗日民族统一战线大事记》的记载,1936 年 5 月中国发生的有关抗日民族统一战线的大事主要有三

① 丁晓平:《中共中央第一支笔:胡乔木在毛泽东邓小平身边的日子》,中国青年出版社 2011 年版,第 26 页。
② 齐卫平、朱敏彦、何继良:《抗战时期的上海文化》,上海人民出版社 2015 年版,第 80 页。

件:第一件是 5 月 5 日毛泽东和朱德联名向全国发出《停战议和一致抗日通电》;第二件是 5 月 9 日上海各界救国联合会成立;第三件是 5 月 31 日全国各界救国联合会在上海举行成立大会。①首先可以排除的是第三件,尽管全国各界救国联合会成立大会上通过的《抗日救国初步政治纲领》中提出了"在横的方面,坚决的主张各党各派的合作,在纵的方面,诚意要求社会各阶层分子的合作"②的呼吁,这种呼吁与"记联"解散之间确实可以形成某种直接的逻辑关系,但是这种呼吁在 6 月 1 日才通过,在媒体上公布的时候,已经是 6 月中旬了③,显然不可能是导致"记联"5 月解散的直接原因。第二件事情从时间上看虽然没有问题,但是上海各界救国会通过的四大要求都是面向政府的,具体为:"一、请政府制止华北卖国行动,解散冀察政委会;二、请政府武力制止日人走私及非法行动;三、立即实施国难教育,开放民众组织;四、请中央及地方当局表示抗日态度。"④因此,"记联"因上海各界救国会所提出的这四大要求而解散的可能性并不高。再来分析第一件事情,即 5 月 5 日毛泽东和朱德联名发出的《停战议和一致抗日通电》。在这封并不长的通电中,虽然提出了"一致抗日"的主张,但是"一致抗日"的前提是"停止内战","首先在陕甘晋停止内战",然后"双方互派代表,磋商抗日救亡具体办法"。⑤问题在于,国民党当局接受共产党的"停止内战"主张了吗?答案是否定的,仅仅两周之后,红一方面军就在甘宁一线与国民党军队展开了激烈的战斗。在国共正在发生激战的情况下,"记联"主动解散的可能性也不高。

再来分析一下"1935 年底 1936 年初"说。这种观点给出了"记联"解散的直接原因,即《八一宣言》精神、"萧三来信"指示及由此产生"文委"决

---

① 李勇、张仲田:《抗日民族统一战线大事记》,中国经济出版社 1988 年版,第 96—101 页。
② 中央统战部、中央档案馆:《中共中央抗日民族统一战线文件选编》中册,档案出版社 1985 年版,第 572 页。
③ 周天度、孙彩霞:《救国会史料集》,中央编译出版社 2006 年版,第 103—109 页。
④ 《抗日民族统一战线大事记》,第 98 页。
⑤ 《建党以来重要文献选编(1921—1949)》第 13 册,第 116 页。

定。《八一宣言》提出的"团结抗战"主张,顺应时代发展潮流,很快在国内引起了积极反响,"不仅在北平的'一二·九'运动中发挥了积极的作用,而且对于留守上海坚持苦斗的中国共产党人,及其领导下的左翼文化运动也产生了重大的影响。"①因此,1935年10月对外公布并随即传回国内的《八一宣言》,显然可以构成"记联"解散的直接原因之一。

"萧三来信"是在《八一宣言》和共产国际七大精神影响下,中共驻共产国际代表团委托萧三写给上海左翼文化团体的代表——"左联"的一封指示信,该信不仅提出了解散"左联"的主张,而且建议上海的其他左翼文化团体也一并解散,另外组织一个覆盖范围更广的文化团体。萧三在信中还强调:"当此国亡无日,全国民众只有共同起来组织广大的人民反帝——抗日统一战线才可图救,政治上的口号,策略。"②之所以主张解散"左联",是因为萧三认为"左联"及上海左翼文化团体在实践中不同程度地存在"关门主义"和"政党化"的问题,不利于抗日民族统一战线的形成。萧三在信中指出:"左联内部工作许多表现,也绝不似一个文学团体和作家的组织,不是教育作家,吸引文人到反帝复古之联合战线方面来的组织,而是一个政党,简单说,就是共产党!一般人也认为左联便是共产党。加入左联便要砍头——这在文人是要想一下子才能决定的呵。"③因此,萧三在信中提出了在组织上解散"左联"的主张,重新发起成立一个"广大的文学团体"。

在看到《八一宣言》和"萧三来信"后,上海左翼文化团体的领导机关——"文委"很快召开会议,讨论如何落实上级党组织的精神和指示。此时"文委"的书记是周扬,委员有夏衍、吴敏、章汉夫和钱亦石等。④根据夏衍在《懒寻旧梦录》中的回忆,1935年11月中旬,周扬把萧三的来信给大家看过后,"我们毫不迟疑地决定了解散左联,和文委所属各联,另行组

---

① 吴海勇:《"电影小组"与左翼电影运动》,上海人民出版社2014年版,第323页。
② 上海鲁迅纪念馆:《纪念与研究》第2辑,上海鲁迅纪念馆1980年版,第174页。
③ 同上书,第170—171页。
④ 《"文总"与左翼文化运动》,第22页。

织更广泛的文化、艺术团体",因为"从信的内容和口气,谁都可以看出,这不是萧三个人的意见,而是中共驻共产国际代表团对左联的指示"。①夏衍等人并没有估计错这封信的来头。萧三事后回忆说:"主张解散'左联'的信,是 1935 年共产国际第七次代表大会之后,王明逼迫我写的。"②而王明当时正担任着中共驻共产国际代表团团长一职,同时也是中共中央政治局委员和共产国际执行委员会主席团委员。对于王明要求解散"左联"及上海左翼文化团体的命令,萧三尽管感觉"始终不愉快③,但也被迫按照王明的意图,给"左联"写了要求其解散的指示信。

"文委"接到"萧三来信"后,决定按照指示解散"左联"及其他左翼文化团体,不仅是因为这封信"来头很大",更重要的还是因为他们中的很多人也认为,左翼文化团体已经不能适应形势发展的需要了。曾担任过"社联"党团书记和"文总"党团书记的胡乔木回忆说:"北平爆发了'一二·九'学生爱国示威游行之后,上海各界救国会纷纷成立。这就发生了文总、左联、社联等原来的左翼团体和文化界、职业界、学生界的救国会组织之间是什么样的关系的问题。比如职业界救国会,它的活动是文总、共青团、武卫会、蚂蚁社等各系统的同志都参加的,它已超出文总原来的范围。当时的救国会基本上是按行业组织的,而左联、社联等左翼团体原来是文化性组织,另外,又是原来的左翼团体,又是救国会运动,领导力量也无法兼顾。因此,文总的组织形式与救亡运动发展的需要不相适应的矛盾突出了,解散各联是形势所致,不得不然。"④基于此,"文委"在讨论解散"左联"及其他左翼文化团体时,多数人是赞同解散的。

当然,左翼文化界对此并非没有不同的声音。"左联"的旗手鲁迅在看到萧三的信后,就表示:"组织统一战线团体,我是赞成的,但以为'左联'不

---

① 夏衍:《懒寻旧梦录》,三联书店 1985 年版,第 298 页。

②③ 中国社会科学院文学研究所《左联回忆录》编辑组:《左联回忆录》上册,中国社会科学出版社 1982 年版,第 175 页。

④ 胡乔木:《1935 年至 1937 年间在上海坚持地下斗争的文委、文总和江苏省临委》,《上海党史资料通讯》1987 年第 5 期。

宜解散。我们的'左翼作家',虽说是无产阶级,实际上幼稚的很,同资产阶级作家去讲统一战线,弄得不好,不但不能把他们统过来,反而会被他们统过去,这是很危险的。如果'左联'解散了,自己的人们没有一个可以商量事情的组织,那就更危险。不如'左联'还是秘密存在。"①可见,鲁迅并不赞同解散上海左翼文化团体,起码是不同意解散"左联"。茅盾在回忆这件事时也提道:"鲁迅对萧三的信取看一看再说的态度,他对于把原来的敌人拉来做朋友表示怀疑,对于解散'左联'也不表赞同。他认为'左联'的宗派主义、关门主义是严重的,'他们实际上把我也关在门外了',但宗派主义和关门主义是有人在那里做,不会因为取消了'左联'他们就不做了。'左联'是左翼作家的一面旗帜,旗一倒,等于是向敌人宣布我们失败了。"②

鲁迅虽然不赞同解散"左联",但是又不好违背众人的意见,因此表示:"既然大家主张解散,我也没意见了。但是,我主张在解散时发表一个宣言,声明'左联'的解散是在新的形势下组织抗日统一战线文艺团体而使无产阶级领导的革命文艺运动更扩大更深入。倘若不发表这样一个宣言,而无声无息的解散,则会被社会上认为我们禁不起国民党的压迫,自行溃散了,这是很不好的。"③鲁迅在这里所主张发表的"左联"解散宣言,虽然是为了减少"左联"解散的负面影响,但与萧三信中"取消左联,发宣言解散它"④的指示十分一致。

如果"左联"此时按照鲁迅的要求,发表了公开的解散宣言,那么解散宣言发表的时间,实际上就是"左联"正式解散的时间。同理,"记联"正式解散的时间,也可以根据"记联"解散宣言发表的时间来判定。问题在于,"左联""记联"等左翼文化团体在解散时,是否发表了独立的解散宣言?根据当时多次在鲁迅和"文委"之间往返沟通的徐懋庸回忆,鲁迅关于发表解散宣言的建议,在"文委"讨论时得到过周扬和夏衍的支持,但是后来

① 徐懋庸:《徐懋庸回忆录》,人民文学出版社1982年版,第86页。
② 茅盾:《我走过的道路》中册,人民文学出版社1984年版,第308页。
③ 《徐懋庸回忆录》,第87页。
④ 《纪念与研究》第2辑,第172页。

考虑到左翼文化团体数量很多,如果每一个左翼文化团体都发表解散宣言,"可能会造成一种不好的影响"①。因此,"文委"并没有同意各联发表解散宣言。胡乔木在回忆文章中也指出:"文委考虑到其他各联也都得发表宣言,影响可能不好,最后就只发表一个文总的解散宣言。"②由于"文总"是由"记联""左联"和"社联"等左翼文化团体组成的,并负责直接领导这些左翼文化团体,因此,"文总"的解散宣言,实际上就是"记联""左联"和"社联"等左翼文化团体的解散宣言。换言之,"文委"认为各个左翼文化团体分别发表解散宣言"可能会造成一种不好的影响",但又不得不认真考虑鲁迅和萧三等人的意见,因此采取了由"文总"代表各联发表一个总的解散宣言的方法解决这个难题。由于"记联"后来没有再单独发表解散宣言,因此,这个"总的解散宣言"就相当于"记联"的解散宣言,"总的解散宣言"发表的时间,也就是"记联"正式宣布解散的时间。"总的解散宣言"发表的具体时间,在《胡乔木传》中记载的很明确:"1936 年 1 月,文总在上海各大报上发表了一个解散的宣言。这个宣言是胡乔木起草的。"③

　　综上所述,学界关于"记联"解散时间的两种说法中,"1935 年底 1936年初"一说更为可靠。

---

① 《懒寻旧梦录》,第 310 页。
② 胡乔木:《1935 年至 1937 年间在上海坚持地下斗争的文委、文总和江苏省临委》,《上海党史资料通讯》1987 年第 5 期。
③ 胡乔木传编写组:《胡乔木传》上册,当代中国出版社 2014 年版,第 35 页。

第六章

"记联"成员考略

第一节　"记联"领导人及其简介

　　"记联"是 20 世纪 30 年代中国左翼新闻运动中的代表性团体，在 20 世纪中国新闻事业史上书写了浓墨重彩的一笔。在理论方面，"记联"猛烈抨击腐朽的资产阶级新闻思想，揭露上海新闻界的种种乱象，大力宣扬马克思主义新闻思想，积极推动新闻大众化；在实践方面，"记联"敢于突破国民党当局的舆论封锁和新闻审查，设法传播苏区建设成就和进步人士消息，打破了国民党御用媒体对人民群众的蒙蔽和欺骗。"记联"之所以能够在白色恐怖的上海，毅然扛起左翼新闻运动的旗帜，并取得了具有历史意义的成就，与其领导人的智慧和勇气密不可分。

在"记联"的筹备、成立和发展过程中,得到过许多中国共产党左翼文化战线领导人和上海新闻界进步人士的具体指导,尽管他们有些人没有正式加入"记联",但是他们关于无产阶级新闻事业的观点转化为"记联"的思想主张和行动纲领,事实上承担起在思想上或组织上领导"记联"的职责。细致考察起来,"记联"的领导人员可以分为四类:第一类是指导创立"记联"、影响"记联"思想倾向的人,如瞿秋白、邓中夏、潘梓年等;第二类是具体负责创立"记联"、影响"记联"思想纲领的人,如袁殊、楼适夷、恽逸群等;第三类是"记联"成立后,"文总"里负责指导和联系"记联"、影响"记联"行动方针的人,如潘汉年、李凡夫和何定华等;第四类是直接领导"记联"、安排"记联"具体行动的人,如彭集新、郑伯克等。其中,瞿秋白、袁殊和恽逸群在第四章已有专门论述,本部分只对"记联"的其他领导人员作一个简单介绍。

邓中夏(1894—1933),原名邓隆渤,字冲澥,湖南宜章人。出生在一个地主官僚家庭。1911 年就读于宜章县阆邑高等小学堂,两年后进入郴县第七联合中学学习。1915 年考入湖南高等师范中文科。1917 年考入北京大学国文系。1918 年 5 月,参与组织学生救国会,并担任负责人。1919 年 1 月,组织创办《国民》杂志,担任编辑干事。5 月,参与领导五四学生爱国运动,担任北京大学学生干事会文书股负责人、北京学生联合会总务干事等。1920 年 3 月,在李大钊的指导下发起成立北京大学马克思主义学说研究会。10 月,加入北京共产党早期组织,负责《劳动者》杂志的编辑工作。1921 年,先后组织创办了长辛店劳动补习学校和长辛店工会。1922 年 1 月,任《先驱》报编辑。5 月,当选为中国劳动组合书记部总部主任。7 月,在中共二大上当选为中央委员。7 月,领导长辛店工人大罢工。10 月,领导开滦煤矿工人大罢工。1923 年 6 月,出席中共三大,再次当选中央委员。8 月,当选团中央执行委员、组织部部长,兼任《中国青年》主编。1925 年 1 月,在中共四大上继续当选中央委员。5 月,任中华全国总工会执行委员、秘书长兼宣传部部长。6 月,在香港领导省港大罢工,主编《工人之路》。1926 年 2 月,担任中共广东区委机关报《人民周刊》编委。6月,担任中华全国总工会劳动学院院长兼省港罢工课程教授。1927年4月,出席中共五大,继续当选为中央委员。6月,在第四次全国劳动大会上当选为全国劳动总工会执行委员兼宣传部部长。不久,被调到中共中央担任秘书长。1927年8月,出席在汉口召开的中共中央紧急会议,当选为中央临时政治局候补委员,担任江苏省委书记兼中共中央机关刊物《布尔塞维克》编委。1928年2月,改任中共广东省委书记。3月,带领中国工会代表团前往莫斯科参加赤色职工国际四大,当选为中央执行局委员。6月,出席在莫斯科召开的中共六大,当选为中央候补委员。7月,作为中共代表团成员参加共产国际六大。此后,留在莫斯科担任中共驻共产国际代表团团员、中华全国总工会驻赤色职工国际代表。1930年7月,回到上海,担任全国总工会党团成员、宣传部部长。不久,被派往湘鄂西苏区担任特委书记、红二军团政委兼前委书记。1931年夏,受到王明"左"倾错误批判,被撤销一切职务。1932年初,被安排到中共沪东区委宣传部工作,不久调任中国赤色互济总会党团书记。1933年5月被捕,在狱中坚贞不屈,与敌人顽强斗争。1933年9月21日,在南京雨花台英勇就义,时年39岁。①

潘梓年(1893—1972),曾用名潘思定、潘任庵,江苏宜兴人。出生在乡村知识分子家庭。1920年毕业于上海大学文学院,积极从事左翼文艺创作。1923年担任保定育德中学教师,后改任河南开封第二中学教师,出版译作《明日之学校》。1924年,出版译作《动的心理学》。1926年,出版译作《文学概论》和《教育学》。1927年4月,在上海加入中国共产党。不久,返回家乡宜兴组织重建党的组织,任中共宜兴特别支部宣传委员。9月,被调到上海主编《北新》和《洪荒》杂志。1928年7月,受聘上海艺术大学教授,讲授哲学、逻辑学和印度社会史。1929年,在上海创办华南大学,任教务长。1930年5月,担任"社联"负责人。7月,担任"文总"党团

---

① 魏巍、钱小惠:《邓中夏传》,人民出版社1981年版,第208—225页;姜平:《邓中夏的一生》,南京大学出版社1986年版,第47—113页;曹子西:《北京历史人物传》下册,北京燕山出版社2014年版,第774—776页。

书记。1931年,受现代书局邀请担任《洪流》杂志主编。1932年,担任中共江苏省委机关报《真话报》总编辑。1933年5月,在上海被国民党逮捕,判处无期徒刑,关押于南京中央军人监狱。在狱中写了三十万字的《辩证逻辑》,翻译了杜威的《我们怎样思想——关于反省思想对于教育过程的关系的改造》,并组织"黑屋诗社"。1937年6月,在中共营救下获释,出狱后完成了七万字的《逻辑与逻辑学》。8月,奉命前往南京筹办《新华日报》。10月,任新华日报社社长。12月,主编出版《群众》周刊。1943年3月,任中华全国文艺界抗敌协会理事。1947年3月,随董必武撤回延安,担任中央城市工作部研究室主任。1949年春,奉命前往河南,历任中原临时政府委员、中原人民政府教育部部长、中原大学校长兼党委书记等职。1950年3月,任中南军政委员会文化教育委员会副主任、教育部长。1953年,任中南行政委员会委员兼教育部长。1954年12月,改任中国科学院党组成员兼哲学社会科学部分党组书记。1955年3月,担任《哲学研究》编委会召集人。7月,担任中国科学院哲学社会科学部学部委员。11月,兼任哲学研究所所长。1972年因病去世。①

楼适夷(1905—2001),原名楼锡春,笔名楼建南、林夷、林南等,浙江余姚人。出生在一个商人家庭。1913年就读于余姚县立小学达善学堂。1918年到上海一家钱庄做学徒。1919年结识了创造社的郭沫若等人。1922年在《学生杂志》上发表处女作《母亲的心》。1924年参与创办了《余姚青年》杂志,并加入了中国共产主义青年团。1926年加入中国共产党。1927年受党的委派,回到余姚秘密建立党的组织,担任中共余姚县首任支部书记。公开的身份是国民党余姚县党部组织部长。四一二反革命政变后,受到国民党通缉,被迫转移到上海。到上海后,开始从事党的左翼文化工作,加入了太阳社,任该社党支部委员,参加创办《太阳月刊》《海风

① 刘绍唐:《民国人物小传》第12册,上海三联书店2016年版,第307—316页;江苏省政协文史资料委员会、宜兴市政协文史资料委员会:《江苏文史资料第101辑:宜兴文史资料第24辑(宜兴人物志)》,《江苏文史资料》编辑部1997年印,第152—154页。

周刊》杂志,结识了鲁迅等左翼文化战线领导人。1928年考入上海艺术大学,出版小说集《病与梦》《挣扎》。1929年9月,受党组织派遣到日本学习俄国文学,组织建立太阳社东京支部。1931年4月回国,加入"左联",担任中国左翼文化界总同盟党团宣传委员,参与编辑"左联"机关刊物《前哨》。1932年,创办《大陆新闻》。1933年6月,调到中共江苏省委宣传部工作,编辑党刊《斗争》。8月,任上海反帝大同盟党团书记。9月,因参加上海远东反战会议筹备工作,被国民党逮捕,判处无期徒刑。1937年国共第二次合作后,在党的营救下出狱。1938年1月,到武汉担任《新华日报》副刊主编、中华全国文艺界抗敌协会宣传部部长。武汉沦陷后,到香港筹备成立中华全国文艺界抗敌协会香港分会,参编《文艺阵地》和《大公报》副刊《救亡文艺》。1939年回到上海,负责编辑《大陆》《奔流新集》和《奔流文艺丛刊》。1942年日军占领租界,被迫回到余姚避难。1944年12月,抵达浙东抗日根据地,担任浙东行政公署文教处副处长。抗日战争胜利后,任《新华日报》华中版编委,副刊主编。1946年到上海筹备《新华日报》。1947年11月,到香港创办《小说》。1949年7月,出席在北京召开的第一届全国文艺界代表大会,当选中国作家协会理事、外事委员会副主任。新中国成立后,担任新华书店总店编辑部副主任,出版总署编审局通俗读物处副处长。1950年冬,任东北军区后勤部宣传部部长,参加抗美援朝部队的文艺工作。1952年9月,担任人民文学出版社副社长和副总编辑,兼任《译文》《世界文学》编委。2001年4月21日病逝于北京。①

　　潘汉年(1906—1977),曾用名潘健行、胡星、汉牛、萧开等,江苏宜兴人。出生在一个乡间知识分子家庭。先后就读于陆平村初级小学、宜兴县第三高级小学、彭城中学和常州延陵公学。1922年担任小学教师,其间团结进步教师反对教育局局长的腐败。1924年到无锡国学专修馆学

① 中国新四军和华中抗日根据地研究会:《人物辞典:下(新四军和华中抗日根据地)》,中共党史出版社2016年版,第1066—1067页;中共宁波市委党史研究室:《宁波中共党史人物(1925—1949)》,宁波出版社2015年版,第55—56页。

习。1925年到上海中华国语专科学校读书,积极参加五卅爱国运动,同年加入中国共产党。1926年加入进步文学团体创造社,先后创办和主编了《A11》和《幻洲》周刊。北伐战争爆发后,参加国民革命军,在国民革命军总政治部任《革命军日报》总编辑。四一二反革命政变后,奉命返回上海从事左翼文化宣传工作。1929年6月,担任中共中央宣传部文化工作委员会书记,着手筹备成立"左联"。1930年2月,担任进步组织中国自由运动大同盟执行委员、党组书记。3月,担任"左联"党团书记。8月,兼任"左联"和"社联"主办的《文化斗争》杂志主编。10月,任中国左翼文化总同盟党团书记。不久,被调回中共中央宣传部工作。1931年春,担任中共江苏省委宣传部部长、党报委员会委员。5月,改任中共中央特科第二科科长,6月担任中共中央特别工作委员会委员。1933年奉命前往苏区工作,先后担任苏区中央局宣传部部长、中国工农红军总政治部地方工作部部长、红一方面军政治部宣传部部长、中共驻第十九路军代表等职。1934年1月,任中华苏维埃共和国中央执行委员会执行委员、中共中央宣传部副部长。长征期间,担任红军总政治部宣传部部长兼地方工作部长。1935年1月遵义会议后,前往上海设法打通和共产国际的联系。1936年1月,任中华苏维埃人民共和国临时中央政府西北办事处外交部副部长,奉命在莫斯科同国民党政府驻苏武官会面。2月回国后,担任国共秘密谈判的联络代表。七七事变后,担任八路军驻沪办事处主任。1938年2月,前往香港主持八路军、新四军驻港办事处工作。9月,出席在延安召开的中共六届六中全会。11月,担任中共中央文化委员会主任。1939年10月,担任中共中央社会部副部长,负责领导华南地区情报工作。1943年4月,担任华中局情报部部长。1945年2月,担任华中局委员。解放战争期间,先后在东北、上海和香港等地领导党的情报工作,参与策划了国民党政府资源委员会、上海海关等单位的起义。1949年后,历任上海市副市长、上海市军事管制委员会秘书长、上海市委统战部部长、华东局统战部部长、上海市政府党组书记、上海市政协第一副主席、上海市委第一副书记、上海市财经委员会主任等职。1977

年4月,在湖南病逝。①

　　李凡夫(1906—1990),曾用名郑锡祥、郑舜、李百强、黎百强等,广东中山人。出生于一个贫苦的华侨工人家庭。1913年后,先在私塾馆读书,后进入高等小学学习,成绩优秀。1924年,考入中山县立师范初中部。1925年,五卅惨案发生后,被推选为学生代表,参加下乡宣传队,开展反帝爱国斗争。1926年夏,考入中山大学高中部理科班。1927年夏,转入中山大学预科文科组。1929年夏,赴日本留学,在东京东亚高等预备学校补习日本。1931年春,考入日本水户高等学校。九一八事变后,回国参加抗日救亡运动。1932年夏,到上海就读于暨南大学,结识了很多"社联"和"教联"的进步人士。1934年春,经"社联"常委王华介绍加入中国共产党,被安排到"社联"宣传部工作。不久,被调到中央文化工作委员会组织部工作,负责联系和指导"记联"和"语联"的工作。1935年,担任"社联"党团书记。1936年初,担任上海著作人协会党团书记,参编《时代论坛》和《观世界》。1937年初,担任中共上海文化支部临时党委书记。全民族抗日战争爆发后,随胡乔木抵达延安,安排到《解放周刊》编辑部工作,先后担任红军大学、抗日军政大学和陕北公学教授。1939年,担任华北联合大学副教务长、教育学院副院长,讲授政治课和哲学课。1941年回到延安,任中央政治研究室敌伪研究组组长。1943年后,先后担任中共中央军委总政治部秘书、科长、学委秘书长、中央军委办公厅主任等职,其间撰写出版了《抗战八年来的八路军和新四军》一书。抗日战争胜利后,被派往东北开展工作,担任中央军委干部队第二大队队长。1946年后,历任辽宁省委宣传部副部长、吉林省委宣传部副部长、省委党校副校长,领导创建了吉林省省委机关报《吉林日报》。1949年,参加南下干部工作团,前往刚解放的革命老区南昌,担任江西省省委委员、宣传部部长。新中国成立后,调任中共中央华南分局宣传部副部长、文教接管委员会主

---

① 中共中央党史研究室第一研究部:《中国共产党第七次全国代表大会代表名录》下册,上海人民出版社2005年版,第626—628页;江涌:《中共风云人物录》下册,中共文史出版社2012年版,第260页。

任、土地改革工作队队长。1953 年 2 月,担任中共中央中南局宣传部副部长。1954 年 10 月,担任湖北省委委员、中共中央第五中级党校校长兼党委书记。1958 年 10 月,调任安徽省委常委兼调查研究室主任。1990 年 10 月,在北京因病去世。①

何定华(1908—2001),原名方瀚,曾用名方天逸、林渊、田静,湖北蕲春人。出生在一个破落的地主家庭。1921 年在蕲春县竹瓦店跟随老秀才朱义莘学习四书五经。1924 年参加北伐战争。1926 年 8 月,秘密参加国民党蕲春县党部筹备委员会。11 月,参加国民党蕲春县党部成立大会暨蕲春县国民党党员第一次代表大会,当选为部长。1929 年留学日本,入读早稻田大学,广泛阅读了马克思列宁主义著作,并加入了日本反帝大同盟。1931 年,因参加侨日同胞捐款而被捕入狱。1932 年冬,加入日本共产党。1933 年 3 月,因宣传共产主义和左翼思想,被捕入狱。1934 年春,被日本法庭判处驱逐出境。1934 年 4 月,在上海加入中国共产党。此后化名田静,担任"社联"常委、宣传部部长,负责联系艾思奇等哲学社会科学界进步人士。1935 年夏,调到上海左翼文化运动领导机关"文总"党团工作,负责联系"记联"。1935 年底,前往华北从事军事情报工作,化名方天逸。1936 年,被中共特科派往河南从事国民党上层统战和情报工作。抵达河南后,借助堂叔方觉慧国民党河南省党部主任的关系,先后担任河南省政府秘书和河南新闻检查所副主任职位。1937 年 7 月,担任新成立的河南省文委委员。全民族抗日战争爆发后,以《民国日报》记者身份抵达延安,受到毛泽东、董必武和林伯渠等领导接见,并被派回河南做方觉慧等人的统战工作。9 月,与范文澜、姚雪垠等人组织创办《风雨》杂志,担任编委会委员、主编,该杂志其后成为中共河南省委机关刊物。12 月,再次前往延安向党中央汇报统战工作情况。1938 年 1 月,回到开封继续开展工作。1938 年 4 月,由于身份暴露,受到国民党特务的监视,

---

① 广东省政协文化和文史资料委员会编:《广东文史资料精编》下编·第 5 卷·广东人物篇·上,中国文史出版社 2008 年版,第 136—138 页;中山市人民政府地方志办公室编:《中山市人物志》,广东人民出版社 2012 年版,第 222—223 页。

被迫返回延安工作,改名何定华。此后历任陕北公学分校大队长、教育部长、中共中央干部教育部科长、陕北公学副主任、中共中央研究院新闻室秘书、延安保卫处、中央军委总部高参室工作人员等职。1946 年 10 月,担任晋冀鲁豫中央局城市工作部科长。1947 年冬,调到地方工作,担任陂孝地区县委、襄西地委城市工作部部长。新中国成立后,历任中共宜昌市委委员、宣传部部长、青委书记,中共湖北省委统战部副部长、党组书记。1958 年,从湖北省委调到武汉大学,担任武汉大学党委常委、副校长。1979 年后,历任中共湖北省委统战部副部长、湖北省政协第四届委员会副主席、中共湖北省委顾问委员会委员等职。2001 年 2 月,在武汉因病逝世。①

彭集新(1911—1974),湖北黄陂人,曾用名彭古、彭来夫、叶枫等。中学读书时期受到大革命的影响,参加了反帝反封建的革命活动。1929 年在上海结识张爱萍同志,并受其影响,加入中国共产主义青年团。1930 年,加入中国共产党。在党的领导下先后在中国争取自由运动大同盟和反帝大同盟等组织中担任工作,并致力于左翼新闻运动,曾在中国共产党中央委员会机关报《红旗日报》担任记者。1932 年,中国左翼新闻记者联盟成立后,担任"记联"党团书记,积极在上海新闻界上层人士中开展工作。1934 年,"记联"机关刊物《集纳批判》创刊后,担任《集纳批判》主编。1935 年夏秋间,被国民党逮捕,不久后出狱,但"文总"对其不再充分信任。1937 年 11 月,与范长江、羊枣、碧泉、恽逸群、朱明、夏衍、邵宗汉等人一起发起成立中国青年新闻记者协会,并参加了 1937 年 11 月 8 日在上海山西路南京饭店召开的成立会。1938 年他到达重庆后,继续与党的领导陈同生、徐迈进同志联系,任"青记"总会驻渝通讯处主任,随后又和其他同志一起组织了重庆分会,会址设在重庆市中营街 58 号的彭宅。

---

① 湖北年鉴编辑委员会编:《湖北年鉴 2002》(总第 14 卷),湖北省地方志办公室 2002 年印,第 591 页;湖北省蕲春县地方志编纂委员会编:《蕲春县志》,湖北科学技术出版社 1997 年版,第 472 页;中共河南省委党史工作委员会编:《抗战初期河南救亡运动》,河南人民出版社 1988 年版,第 236 页。

1939年秋,参加国民党重庆军事委员会政治部主办的第一期中央训练团新闻研究班。1940年,在重庆与同学熊明煊通过关系集资创办《中国晚报》,担任报社经理。由于《中国晚报》在宣传抗日救国思想方面比较大胆,不久便被新闻检查部门以登记证"不合法"为由勒令停刊。1942年8月,与王乃昌、章苍萍等人一起,在重庆江北县龙溪乡创办《中国论坛报》,担任报社总经理。解放战争期间先后在浙东游击队司令部、中共浙江省委、《浙江日报》工作。新中国成立后,1950年在中国科学院工作,1955年调中国文字改革委员会工作。1974年11月去世,享年63岁。①

郑伯克(1909—2008),曾用名司徒敏、李家庚、吴华等,四川沐川人。出生在一个富裕的商人家庭。父亲郑洪斌经营煤厂、印染纸张作坊和中药房。1915年开始,在家馆学习儒家经典。1924年,就读于黄丹乡炭商小学高级班,继续学习古文。1927年,考入四川省立第一中学。在省立一中,接触到《共产主义A.B.C.》《新社会观》《创造日报》《创造月刊》《洪水》等进步刊物。1928年春,转学到犍为县立中学,其间阅读了蔡和森撰写的《社会进化史》。1928年秋回到成都,就读于成城公学。1929年4月,结识共青团员李素。8月,在李素介绍下加入共青团。1929年秋,考入四川大学外国文学院,担任团支部书记。1930年,因参加反帝示威活动被逮捕入狱,判处有期徒刑四年零八个月。同年,在家人的多方打点下,以患病就医为名,被保释出狱。1931年初,回到四川大学外国文学院读书,其间认真阅读了《共产党宣言》《政治经济学批判导言》《德意志意识形态》《费尔巴哈论》等马克思主义经典著作。1931年夏,回到家乡,担任黄丹炭商两级小学教师。1933年夏,离开四川前往上海,就读于持志大学文史系。9月,受党组织委派参加"社联"工作,担任社联江湾区委书

---

① 郑伯克:《白区工作的回顾与探讨——郑伯克回忆录》,中共党史出版社1999年版,第36页;王绿萍:《四川报刊五十年集成:1897—1949》,四川大学出版社2011年版,第569页;邱沛篁:《新闻传播百科全书》,四川人民出版社1998年版,第603页;范长江:《卢沟桥到漳河》,群言出版社2012年版,第146—157页。

记。1934 年秋,被调到"记联"工作,任宣传部部长,负责联系基层的"记联"成员。1935 年夏,被调到"教联"工作。1935 年 7 月加入中国共产党。1936 年,担任国难教育社干事、党组书记。1937 年 5 月,再次被捕入狱。全民族抗战爆发后,被保释出狱。随后前往延安,被安排进入中央党校学习,其间负责主办《时事周刊》杂志。1937 年 12 月,被派往东南分局,担任项英同志的秘书。1938 年 11 月,调任川西特委常委、宣传部部长兼文委书记。1941 年,担任云南省工委书记。1949 年 2 月,任中共云南省委委员、组织部部长,不久兼任云南省人事厅厅长、省政府党组成员、省委党校党委书记、省体委主任、省纪委书记等职。1978 年 4 月,任中组部老干部局局长。1983 年后,担任中组部顾问,分管老干部局和干审局工作。2008 年,病逝于北京。①

第二节 "记联"盟员及其简介

"记联"是一个基于新闻理念上的共同旨趣而成立的松散组织。加入"记联"并不需要特别的手续和仪式,也并未发现"记联"印制有盟员凭证。尽管根据"记联"的行动纲领,任何一个记者、编辑或对此具有兴趣者,只需要赞同"记联"的思想主张,并且缴纳一元大洋,即可申请入盟。②但是,由于"记联"要在国民党统治力量非常强大的上海宣传马克思主义新闻思想,不得不采取秘密组织的方式,避免暴露目标。因此,虽然"记联"盟员在上海报刊上发表了很多具有影响力的进步文章,但是当时上海新闻界了解"记联"这个组织的人并不多,加入"记联"的人就更少了。

由于"记联"是一个松散的秘密团体,它并没有将自己盟员名单公

---

① 《白区工作的回顾与探讨——郑伯克回忆录》,第 1—150 页;郑伯克:《郑伯克回忆录》,中共党史出版社 2002 年版,第 3—105 页。

② 孔海珠:《左翼·上海(1934—1936)》,上海文艺出版社 2002 年版,第 387—388 页。

之于众,有关"记联"的新闻报道大多语焉不详。为了避免扩大"记联"的影响,国民党控制的媒体在报道"记联"消息时,还将其中出现的姓名以"××"代替。这就给"记联"盟员的考证工作带来了很大难度。曾担任过"记联"党团宣传部部长的郑伯克,在晚年撰写的回忆录中提到了一些"记联"盟员的信息:"基层的记联成员,主要有:静安寺路卡德路口鸿翔服务公司店员詹桂年等三人、申新九厂的纺纱工人、世界书局印刷工人、法租界弄堂小工厂的工人、打浦桥川菜馆的老曹(系脱党未接上关系的进步分子),通讯社的记者史继勋,量才补习学校的汤寿龄(刘峰),持志大学学生柳乃夫,东南医学院学生丁曼生,东南医学院学生贾某和他的侄女爱国女中学生贾唯英等。"①"参加'记联'的有《新闻报》的陆诒,《申报》也有人参加,还有几个通讯社的记者。"②郑伯克的回忆录出版时,距离"记联"解散已经六十多年了,因此,很多名字已经回忆不起来了。但是,这段记述仍然给我们提供了七个珍贵的"记联"盟员名单,即詹桂年、史继勋、汤寿龄、丁曼生、贾唯英、柳乃夫和陆诒。③

除当事人的回忆录之外,还可以通过阅读上海左翼文化运动史料、各地县志和文史资料的人物介绍等方式查找"记联"盟员信息。尽管这种方式更像是在大海捞针,但借助现代化检索技术持之以恒地查阅,确实可以有所收获。如笔者在《兴仁文史资料选辑》中发现了黄河参加"记联"的记载,在《新闻传播百科全书》中发现了韩劲风参加"记联"的信息,在《湖北抗战人物志》中发现了许道琦参加"记联"的内容,在《梅州日报》上看到了关于饶炳寰参加"记联"的新闻报道,等等。

通过上述方式整理出"记联"盟员名单,当然并不是完整的。事实上,"记联"的秘密性导致目前并没有记载"记联"盟员名单的一手资料被发现,"记联"的松散性导致一些盟员与"记联"的联系并不密切。这

---

① 《白区工作的回顾与探讨——郑伯克回忆录》,第 35 页。
② 上海人民出版社党史资料丛刊编辑部:《党史资料丛刊》1983 年第 1 辑,上海人民出版社 1983 年版,第 43 页。
③ 因无法查到詹桂年、史继勋、丁曼生的详细信息,故下文没有此三人的生平简介。

些都使得八十余年后的今天要求得一张完整的"记联"盟员名单,几乎是一件不可能完成的事。但是,通过持续不断地阅读和查找,我们还是可以得到尽可能多的盟员名单。他们不顾自身安危,勇敢地探索马克思主义新闻思想、推动上海左翼新闻运动发展的精神,永远值得我们怀念和敬仰。

陆诒(1911—1997),字翼维,笔名静芬、芬君,上海人。1927年,在江苏省立商业专门学校中学部毕业后,到南汇县鲁汇镇担任小学教师。1930年,在上海私立民治新闻学院肄业。1931年,进入上海《新闻报》画刊编辑室工作,以优秀的新闻采访和报道能力,受到史量才的赏识。一·二八淞沪抗战爆发后,自告奋勇到闸北前线担任战地记者,采访了十九路军军长蔡廷锴、第五军军长张治中等人,从此在新闻界崭露头角。1933年2月,前往热河前线采访,亲身经历了热河失陷事件。1934年夏,在上海参与发起成立了"记者座谈",并加入了中国左翼新闻记者联盟。1935年12月,参加上海文化界救国会,担任《救亡日报》编委。1936年5月,采访了鲁迅。七七事变爆发后第二天,从上海直奔抗战前线,采访了宛平县长王冷斋。1938年1月,前往武汉担任《新华日报》编委兼采访部主任,先后采访了朱德、彭德怀、邓小平、刘伯承、贺龙等人,大量报道了中国共产党和八路军英勇抗战的感人事例。1939年,前往延安采访了毛泽东、周恩来等人。皖南事变发生后,前往香港担任中共地下交通员。1943年6月,奉周恩来的指示,借机采访了被国民党软禁的新四军军长叶挺。1944年2月,担任重庆《大公报》记者,兼重庆私立民治新闻专科学校代理校长。①1945年抗日战争胜利后,回到上海,参与创办《联合日报》《联合晚报》和《时代日报》等进步报刊,广泛报道了国共谈判进展和国统区的民主运动。1946年10月,再次前往香港,担任国新社香港分社社长,组织筹建民治新闻专科学校香港分校,并担任民盟中央宣传委员、《光明报》主编和达德学院新闻专修班教授。1949年7月,返回上海,先后担任《新

① 程曼丽、乔云霞:《新闻传播学辞典》,新华出版社2012年版,第112页。

闻日报》编委、采访部主任和副总编辑。新中国成立后,担任了中华全国新闻工作者协会名誉理事和上海市新闻工作者协会顾问。1957 年夏,改任《新闻日报》编辑部资料研究组资料员。1978 年,担任上海市第五届政协常委兼文史资料工作委员会办公室副主任,负责编辑《文史资料选辑》。①1980 年 9 月,兼任上海复旦大学新闻系教授、采访与写作组主任。1997 年 1 月逝世,享年 86 岁。②

贾唯英(1920—1994),女,四川合江县二里乡人,地主家庭出身。1930 年,就读于合江县女子小学。1931 年,考入新创办的初中班。1934 年秋,考入上海爱国女中。③同年,在上海加入中国左翼新闻记者联盟和中国左翼社会科学家联盟。1935 年,担任上海爱国女中救国会副主席。④1936 年 2 月,加入抗日救国青年团。同年,担任上海中等学校学生救国会联合会执行委员。⑤8 月,前往北京参加抗日救亡运动,担任私立两吉女子中学校民族解放先锋队分队长。1937 年 5 月,加入中国共产党。7 月,全民族抗战爆发后,积极从事伤病员的救护和募捐慰劳工作。11 月,抵达延安,进入陕北公学学习,1938 年 2 月,从陕北公学毕业。5 月,担任中共隰县青委及隰县牺牲救国同盟会宣传部部长,在当地组建青年宣传队,创办油印小报,积极宣传抗日救亡思想。同年年底,在中共晋西南区党委宣传部工作,负责举办了两期农村女党员训练班和一期女干部训练班,培训抗日女干部。1939 年 12 月,到中央党校学习。1940 年 6 月,随周恩来和邓颖超从延安返回四川治病,计划病愈后返回延安工

---

① 《中国社会科学家辞典》(现代卷)编委会:《中国社会科学家辞典》(现代卷),甘肃人民出版社 1986 年版,第 344 页。

② 中国民主同盟上海市委员会:《沪盟先贤》,群言出版社 2016 年版,第 292—296 页。

③ 中国人民政治协商会议四川省合江县委员会文史资料委员会:《合江县文史资料选辑:第 10 辑》,合江文史资料委员会 1991 年印,第 71—72 页。

④ 李义彬:《从内战到抗战:1935—1937》,上海人民出版社 1995 年版,第 175 页。

⑤ 中共上海市委组织部、中共上海市委党史资料征集委员会、中共上海市委党史研究室、上海市档案馆:《中国共产党上海市组织史资料:1920.8—1987.10》,上海人民出版社 1991 年版,第 200 页。

作。1941年1月,皖南事变爆发,被中共中央南方局安排在四川开展工作,担任南川一所中学的教师。1942年9月,按照党组织的建议,考入成都华西大学,在校期间,以时事研究会的名义编辑剪报,揭露国民党的腐败无能和虚假宣传,颂扬八路军和新四军的战绩。1946年5月,在华西大学毕业。8月,担任中共川康特委委员。1949年9月,跟随第二野战军进军西南,先后担任成都市妇女工作团副团长,成都市妇女联合会副主任,共青团西南工作委员会宣传部部长、青年服务部部长、社会服务部部长等职。1954年,担任《重庆日报》副总编辑。党的十一届三中全会后,担任重庆日报社顾问、新闻研究所所长,重庆市记协、新闻学会顾问。①1994年7月,在成都因病逝世。②

刘峰(1916—2018),曾用名汤寿龄、汤仲良。1916年10月,出生在安徽省凤阳县的一个没落地主家庭。1922年,进入私塾学习古文。1925年,转入省立第五中学附属小学三年级插班读书。1927年,初小毕业,考入凤阳第一高等小学,深受语文老师杜仲和(共产党员)的影响。1929年5月,加入中国共产主义青年团。1931年,先后担任学校团支部书记、县团委书记。1932年初,被党组织派往蚌埠,参加长淮特委的工作,负责在学校和工厂发展团组织和团员。6月,长淮特委被国民党破坏,转移到临淮关工作,不久临淮关党组织再次被破坏。1933年,抵达上海,在英租界内的富丰钱庄当练习生。1934年夏,在南京路大陆商场的量才补习学校学习英文。1935年9月,经史继勋介绍,加入了中国左翼新闻记者联盟和中国左翼教育家联盟。1935年冬,北京爆发一二·九运动,量才补习学校成立救国会,被推选为救国会主席,不久又担任量才补习学校职工界救国会理事兼第五大队队长,参与组织开展爱国救亡宣传活动。1936年

---

① 中国新闻年鉴杂志社:《中国新闻年鉴:1995》,中国新闻年鉴杂志社1995年印,第513页。

② 中国人民政治协商会议四川省合江县委员会文史资料委员会:《合江县文史资料选辑——第14辑:纪念抗日战争胜利五十周年专辑》,合江县委员会文史资料委员会1995年印,第62—63页。

4月,被英租界军警逮捕,在救国会聘请的律师辩护下,无罪释放。1936年6月,由郑伯克介绍,正式加入中国共产党,随后被党组织派到全国救国会理事会担任干事。1937年1月,在北京一家导报社担任助理编辑。4月,参加华北各界救国会工作,筹办《华北呼声》报纸。1937年6月,返回上海,参加上海党组织工作,负责联系学生系统。11月,中共中央批准成立江苏省委后,担任学生系统工作委员会书记。1939年2月,因患肺结核,被党组织安排回家休养。9月,担任教委书记,负责开展上海中小学系统党的工作。1942年6月,奉命前往南京开展工作。1944年5月,担任中共南京市工作委员会书记。1949年4月,南京解放后,担任军管会财经接管委员会副主任。1953年后,历任南京市财政局局长、江苏省计划委员会副主任等职。1978年后,历任南京市委常委、市委副书记、南京市政协主席等职。①2018年5月,病逝于南京。②

柳乃夫(1910—1939),原名赵宗麟,号玉书,别号赵孚,出生在重庆市荣昌县路孔镇的一个书香门第。父亲赵学鑫是同盟会员,辛亥革命后被任命为铜梁县知事,后任重庆市铜元局总务科长、代理局长、荣昌中学校长、事务主任等职。1917年至1922年,在路孔乡小学读书。1923年至1927年,就读于荣昌中学第九班。1928年至1929年,到成都法政学校预科班学习。1930年8月,考入南京国立中央大学法学院法律系。1931年4月,被国民党卫戍司令部以传播"反动书刊"罪名,判处五年有期徒刑,关押在南京国民党中央军人监狱。1933年春,在亲友的多方营救下,保释出狱。1933年底,化名赵孚在上海持志大学经济系插班学习,其间加入了中国左翼新闻记者联盟。1934年,加入中国共产党。同年7月毕业,在上海一所中学任教,使用英文New Life(新生命)谐音"柳乃夫"作为笔名。1935年春,经党组织同意,前往日本东京留学,研究和解剖日本军国主义,并暗中联络在日的中国留学生开展抗日救亡活动。1936年

① 刘峰:《革命一生——刘峰回忆录》,南京出版社2005年版,第1—165页。
② 《刘峰同志逝世》,《南京日报》2018年5月2日,第1版。

初,奉党组织之命,从东京返回上海开展"文化救国会"的工作,并在上海
生活书店担任编辑,主编《永生》杂志,在《大众生活》《时代论坛》《客观》等
杂志兼任编辑。1936年底,变卖私产,与郑天保、钱俊瑞、胡一声等人合
作筹办了引擎出版社,担任经理。此后撰写出版了《日本大陆政策》《资本
主义的前途》《世界往哪里去》《欧洲问题的关键在哪里》《中日战争与国际
关系》《内地工作经验》《军队政训工作的几个实际问题》《怎样发动民众自
卫组织》和《当前的几个实际问题》等一系列著作。1937年8月,参加组
织文化界抗敌后援工作。1938年4月,在武汉参加全国救国联合会工
作。6月,受中共中央长江局派遣,到山西国民党第三十八军军部干训班
担任政治教官,主要讲授日本侵华史等课程。1938年秋,因突患黄疸病,
被送到后方西安治疗。1938年10月底,病情初愈,坚持返回部队工作。
1939年1月,在第三十八军第一一七师师长陈硕儒的力邀下,前往平陆
县城第一一七师师部担任秘书。1939年6月,日本侵略军大举进攻平陆
县一一七师防区,在与将士突围中不幸牺牲,年仅29岁。①

　　许道琦(1914—1989),安徽广德人。少年时就受到革命思想熏陶,青
年时期积极投身革命。1932年,在上海参加社会科学家联盟、反帝大同
盟、左翼新闻记者联盟等进步组织,在中国共产党的领导下开展文化战线
的斗争。1933年,加入中国共产主义青年团。1934年被捕入狱,在敌人
的严刑拷打下始终坚贞不屈。全民族抗日战争爆发后,被党组织营救出
狱,进入延安抗日军政大学学习,结业后赴中原敌后参加抗日武装斗争。
1938年加入中国共产党,先后担任河南省竹沟新四军第四支队第八团队
留守处第一、第二中队指导员,新四军第五师政治部锄奸部部长兼豫鄂边
区行政公署公安总局局长,新四军第五师政治部保卫部部长等职。抗日
战争胜利后,先后担任中原军区政治部保卫部副部长兼第二纵队政治部
保卫部部长、组织部部长,参加了著名的中原突围。部队到达陕南后,参

---

① 　山西省史志研究院编:《山西通志(第48卷)》人物志,中华书局2001年版,第
　　147页。

与建立了陕南革命根据地,历任陕南军区第三军分区政治部主任兼地委
宣传部部长、晋冀鲁豫野战军第十二纵队政治部宣传部部长。1947 年 6
月,跟随刘邓大军南下挺进大别山,参加对国民党军队的战略反攻。新中
国成立后,历任中共湖北省委宣传部副部长、部长、省委书记处书记兼省
委秘书长、省委党校校长、省文联主席、省社会科学联合会副主席等职。
改革开放后,历任中共湖北省委副书记兼省纪律检查委员会第一书记、省
政协第四届委员会主席、省顾问委员会主任、省社会科学院院长、省社会
科学界联合会副主席等职务。1989 年 12 月,病逝于武昌。①

饶炳寰(1901—1974),原名饶伟昌,出生在广东省大埔县茶阳镇太宁
村义训堂的一个中农家庭。从小受祖父饶果洪和父亲饶百我的教育和熏
陶,产生了强烈的爱国主义思想。1926 年春,与堂兄饶龙光、张高友等在
"福兴寺"成立了大埔县第一个农民协会——太宁农民协会,担任农协负
责人,提出"一切权力归农会"的口号,实行孙中山"联俄、联共、扶助农工"
三大政策,开展减租减息、打击土豪劣绅的斗争,领导了声势浩大的农民
运动和武装暴动,多次发动太宁及周围村庄农民到县城举行声势浩大的
示威游行、集会请愿等活动。1926 年 9 月,北伐军进入福建途经太宁时,
组织农协会员支援国民革命军誓师北伐,组成军需运输队,运送粮食和武
器,支援前线,并和北伐军一起攻打永定县城,得到北伐军的锦旗嘉奖。
1927 年 1 月,中共太宁党小组成立。2 月,太宁农民协会成立太宁农民自
卫军和中共太宁支部,担任太宁首任支部书记兼农民自卫军负责人。
9 月,太宁支部扩大为中共附城区委,担任中共附城区委书记,领导太宁、
黄砂、漳溪、大靖、岩上五个党支部。1927 年四一二反革命政变后,为反
抗国民党政府的白色恐怖,接应南昌起义部队南下,9 月间带领太宁农民
军参加了攻占大埔县城的战斗,成功占领了县政府,成立了中国共产党领
导的大埔县工农革命政府,担任工农革命政府秘书。10 月,率领太宁农
民军为南昌起义部队筹粮筹款,并组织宣传队、担架队和运输队,积极开

①　刘光明:《湖北抗战人物志》,华中师范大学出版社 1995 年版,第 70—71 页。

展起义部队的后勤供给、伤员救护等工作。1928 年 5 月,中共大埔县委第二次代表大会召开,被指派到埔北领导农民运动,协助张鼎丞发动永定暴动,建立了福建省第一支红军部队军营和第一个红色政权溪南苏维埃政府。10 月,按照党组织"疏散隐蔽"的指示,出发前往马来西亚。抵达马来西亚后,经由槟榔屿党的负责人梅英介绍,加入马来亚共产党,恢复组织关系,从事共产国际运动。1933 年 1 月,担任新加坡普罗艺术联盟常委,负责编辑《戏剧导报》。同时,任职于马来西亚北婆罗华侨学校,在那里加入了国际反帝联盟,还参加创建了南洋电讯新闻社。同年,回到上海担任中国左翼新闻记者联盟常委,参与编辑"记联"机关刊物《集纳批判》。抗日战争胜利后,在广东省政府秘书处任科员。1948 年 11 月,在香港接受党组织派遣,返回广州策动国民党机关工作人员起义,准备接管广州,担任中共广东省政府地下工作组组长。1949 年 6 月,在起义失败后撤回香港。新中国成立后,先后担任广州市政协委员、秘书、广州市政协秘书处副处长等职。1974 年逝世。①

韩劲风(1910—1985),四川隆昌人,原名韩于泽,笔名秋雁、肖康、寒山、夏礼、琴那、劳殊、季兰等。1927 年,就读于四川省立第四中学,积极参加中国共产党领导的革命斗争,同年加入中国共产主义青年团。中学毕业后,先进入四川省立第四师范学院读书,后转入四川大学外国文学院学习。1930 年,加入中国共产党。10 月,参加了由曹荻秋等领导的"广汉兵变",因遭到国民党的追捕,返回家乡开展农民运动。1933 年 1 月,通过同乡介绍,前往上海《市民报》工作,先后担任总稽核、副刊编辑和编辑主任。不久,在周钢鸣的介绍下,加入上海左翼作家联盟,随后加入左翼新闻记者联盟。1934 年,因为宣传进步思想和抗日言论,遭到国民党的通缉,被迫离开《市民报》,前往上海郊区真如镇开展左翼运动,在当地建立了左联小组,担任组长。1935 年春节后,离开上海,前往湘西寻找原国民革命军第二十五军,准备参加起义,与红军会合。因未找到第二十五

---

① 《大埔农运先驱饶炳寰》,《梅州日报》2018 年 3 月 28 日,第 6 版。

军,滞留在湖南慈利、石门、岳阳一带,其间创作了讴歌苏区革命斗争的歌曲《烧炭者之歌》和反映华北事变的诗作《山中闻平津噩耗》。1935 年秋,从湖南回到上海。1937 年,全民族抗日战争爆发后,担任《救亡日报》编辑和记者,辗转于上海、广州和桂林等地。1938 年,担任由董必武兼任董事长的湖南省东山中学训育主任。①1940 年 12 月,以川军第二十九兵站分监部军医的身份,在樊城主编油印小报《襄樊日报》。1941 年 3 月,该报停止发行。随后,前往湖北恩施担任《武汉日报》副刊主编。不久,又到重庆担任《国民公报》和《商务日报》的编辑。其间,因宣传抗日救国言论和中国共产党的主张,曾三次被捕入狱,在党组织的积极营救下获释。抗日战争胜利后,先后担任重庆《西南日报》和《民主报》的编辑、采访主任,一方面通过媒体揭露国民党"假和平、真内战"的阴谋,另一方面积极开展党的统一战线工作。1947 年,因受到国民党特务的追捕,被迫转移到香港。1948 年,在香港加入中国民主同盟。1950 年后,历任《光明日报》记者、《人民文学》杂志编辑、《新港》月刊编辑部副主任等职。1985 年 12 月,在北京逝世。②

黄河(1907—1991),原名王荆平。1907 年 2 月,出生在贵州省兴仁县城关镇。1927 年,从贵州省立师范学校毕业。毕业后,曾以优秀的成绩考到南京中央陆军军官学校,但因不满蒋介石的倒行逆施,半年后即愤然退学。1929 年,考入上海的中国公学,并在大革命失败后的白色恐怖中毅然加入了中国共产主义青年团。1930 年,因书写革命标语,被国民党逮捕,罪名是"扰乱社会秩序",并判处半年的有期徒刑。1931 年出狱后,在上海加入了中国社会科学家联盟。1932 年加入中国左翼新闻记者联盟,担任联盟的国际新闻记者。同年 5 月,正式加入中国共产党,转任中华通讯社记者。1935 年,因散发《为抗日救国告全体同胞书》,再次被国民党逮捕入狱,在敌人残酷的严刑拷打面前,始终坚贞不屈,保护了党

---

① 《中国共产党华容历史》编纂委员会:《中国共产党华容历史(第 1 卷):1919—2006》,中央文献出版社 2006 年版,第 206—207 页。

② 邱沛篁:《新闻传播百科全书》,四川人民出版社 1998 年版,第 1831 页。

的机密。全民族抗日战争爆发后,获释出狱,积极寻找党组织。1938 年,
前往武汉担任李公朴的秘书,并在李公朴主办的全民通讯社担任新闻记
者。1938 年夏,武汉会战爆发,被迫撤离武汉。1938 年秋,辗转到达革命
圣地延安,进入抗日军政大学第二分校学习。先后担任第一二九师第三
八五旅太行第一中学和抗日军政大学总校教师。抗日战争胜利后,担任
过中央社会部简讯社编辑和晋绥九分区公安处股长等职。1949 年,任中
共西北局机关刊物《人民西北》杂志副总编。1950 年,担任中共中央情报
总署国内研究处科长,不久后调到中共中央军委联络部工作。1952 年至
1955 年,在中共中央高级党校学习。毕业后,安排到中国人民大学新闻
系担任副教授,并先后担任了新闻系报刊史教研室副主任和主任。1991
年 12 月,病逝于北京。①

陈一范(1914—1987),原名徐汉铭,曾用名徐征。出生福建省东山县
西埔的一个农民家庭。1921 年,随父亲侨居马来西亚,在当地的小学就
读。1926 年,小学毕业后,回到上海插班读初中,受到进步思想影响。
1927 年,加入中国共产主义青年团,曾担任过共青团支部书记。1930 年,
因从事革命宣传活动,被国民党逮捕关押。1934 年,加入中国左翼新闻
记者联盟,更加积极地从事马克思主义的舆论宣传工作。1935 年,再次
被国民党逮捕,在狱中受尽严刑拷打和威逼利诱,始终坚贞不屈。1937
年,全民族抗日战争爆发后,国民党迫于共产党和全国人民的压力,宣布
释放政治犯,因此获释出狱。1938 年 7 月,抵达马来西亚,担任中华学校
教师,同时积极在华侨中开展抗日救亡宣传工作,并在柔佛参加了华侨抗
敌后援会。1939 年,到华侨抗敌后援会的新加坡总部参加工作。同年,
加入了马来西亚共产党。1940 年 5 月,由于宣传抗日救亡和共产主义思
想,被英国殖民政府逮捕。11 月,被判处驱逐出境。1941 年,抵达香港,
被党组织委派前往海南岛开展工作。1946 年,在梅菉中学和六堡中学任

---

① 政协贵州省兴仁县委员会文史资料委员会:《兴仁文史资料选辑》第 6 辑,兴仁县
委员会文史资料委员会 1992 年印,第 59 页。

教时，被国民党特务以"从事共产党革命活动"的罪名逮捕，关押在梅箓看守所，受到严刑逼供，依然守口如瓶。1947 年获释，担任赤坎培才中学教师。1949 年 2 月，转到中国共产党领导下的正义中学任教，重新回到党组织，继续参加革命斗争。1958 年 10 月，担任湛江市第六中学教导主任。1982 年，被任命为学校副校长，主管教学工作。1987 年 4 月，因病逝世。①

　　顾用中（1913—不详），曾用名阿咪、中庸、肖戈、若年。1913 年 8 月，出生在上海市南汇县。20 世纪 30 年代，在上海参加了中国左翼作家联盟、中国新闻学研究会、中国左翼新闻记者联盟、上海文化界救亡协会、上海反帝大同盟等进步组织，积极投身轰轰烈烈的上海左翼文化运动，撰写了大量杂文、政论、小品、短篇小说、诗歌等文献作品，在上海各大报刊发表，宣传抗日救亡和共产主义思想。20 世纪 40 年代中期，在上海时代出版社编撰俄语教材和工具书，并大力推介苏联文学。1945 年以后，先后担任上海民治新闻专科学校俄文教员、上海中苏友好协会俄文学校副校长和上海时代出版社编辑等职。新中国成立后，专门从事外国文学翻译、编辑出版和研究工作，先后担任上海新文艺出版社、上海文艺出版社、人民文学出版社上海分社外国文学编辑室副主任，中国作家协会上海分会会员，上海外文学会理事，上海译文出版社外国文学编辑室副主任等职务。一生中翻译和编写出版了大量文艺著作，包括：《高尔基早期作品集》（原作高尔基）、《俄文读本》（原作柯席乌洛夫）、《俄文选》（原作柯席乌洛夫）、《俄文会话教程》（顾用中著）、《冈察尔短篇小说集》（原作冈察尔）、《得来容易去得快》（原作奥斯特洛夫斯基）、《外套》（原作果戈理）、《论现实主义艺术法则底客观性质》（原作克墨诺夫）、《祖国三部曲之一：火光》（原作卡拉瓦叶娃）、《黎巴嫩和平战士诗选》（原作萨依德等）、《列宁颂》（原作马雅可夫斯基）。1985 年，在《中国翻译》杂志上发表《漫话文学翻

---

① 　广东省湛江市郊区政协文史资料编辑组：《湛江郊区文史》第 2 辑，湛江市郊区政协文史资料编辑组 1990 年印，第 30—35 页。

译》一文,在总结自己从事文学翻译的经验时指出:"文学翻译是艺术的再创造,文学翻译的劳动必须是创造性的。在文学翻译的整个过程中都渗透了文学翻译的创造性劳动。"①曾当选为上海市第四届、第五届人民代表大会代表、上海市第五届政协委员、中国民主同盟上海市委常委。②

王昌杰(1911—2001),四川合川人。一·二八淞沪抗战爆发后参加抗日义勇军,配合十九路军对日作战,随后又参加东北义勇军冯庸部长城抗战。1934年回到上海,加入中国共产主义青年团和中国左翼新闻记者联盟。1935年被捕,关押在苏州军人监狱。1937年全民族抗日战争爆发后,获释出狱。随后抵达延安,先在陕北公学学习,后任陕北公学卫生总所所长。1939年初,进入延安马列学院学习。同年8月,担任中央医院党支部书记。1939年8月至1944年6月,担任中央医院副院长。1941年7月至1942年12月,担任中央医院代院长。新中国成立后,历任重庆建筑工程学院党委书记兼院长、成都音乐学院党委书记兼院长、四川省政协常委、四川省老区建设促进会会长等职。2001年逝世。③

孙文石(1905—1978),原名孙香泉,曾用名孙蕴实,四川省南部县安坝乡人。1930年后,曾在重庆利华实业股份有限公司短期任职。1931年,毕业于上海中国公学大学部政治经济系。一·二八淞沪抗战爆发后,投身抗日救亡运动,先后参加中国左翼新闻记者联盟、反帝大同盟、救国会等进步组织,曾两度入狱。1934年间,在重庆协助温田丰编辑《商务日报》副刊。④1937年,全民族抗日战争爆发前后回到四川,在成都参与筹备四川各界抗敌后援会。⑤1938年5月,出席中国青年新闻记者学会成

① 顾用中:《漫话文学翻译》,《中国翻译》1985年第9期。
② 北京语言学院《中国文学家辞典》编委会编:《中国文学家辞典》现代第二分册,四川人民出版社1982年版,第767页。
③ 丁晓平:《王明中毒事件调查》,中国青年出版社2012年版,第179页。
④ 陈玉堂:《中国近现代人物名号大辞典(续编)》,浙江古籍出版社2001年版,第82页。
⑤ 成都市政协文史学习委员会编:《成都文史资料选编》抗日战争卷上·救亡图存,四川人民出版社2007年版,第117页。

都分会成立大会,担任首届监事会监事。①1938 年春,在宣传抗日救国的进步报刊《国难三日报》担任外勤记者。②1938 年 6 月,担任《时事新刊》采访主任,因该报积极宣传全面抗战,敢于揭露国民党的阴谋活动,言辞非常犀利,在社会上产生了很大影响,引起了国民党的恐慌。1940 年春,国民党当局查封了《时事新刊》。③此后前往重庆,与范长江等人合作创办国际新闻社。④1945 年,到民盟主席张澜担任董事长的《华西晚报》工作,担任总编辑。⑤1946 年,在民盟创办的《民众时报》担任采访主任。⑥同年,加入中国民主同盟。1947 年 5 月,上海、南京、杭州等地的学生发起了大规模的"反饥饿、反内战、反迫害"运动,遭到国民党军警的残酷镇压,数百名学生受伤,酿成震惊全国的五二〇血案。6 月,因参加成都党组织开展的声援学生运动示威活动,被国民党当局逮捕入狱。⑦被捕后,因拒绝发表"自愿"退出民主同盟的声明,被押送到重庆"中美合作所"监禁,在狱中继续与敌人抗争,被难友们选定为暗中联络信息的可靠之人。⑧1949 年 3月,在民盟的多方努力下被释放出狱。⑨新中国成立后,历任成都《工商导报》总编辑、《成都日报》主笔、成都市副市长、四川省委秘书长、民盟成都市委主委等职。1978 年,在成都因病逝世。⑩

---

① 中国人民政治协商会议四川省委员会文史资料研究委员会:《四川文史资料选辑》第 24 辑,四川人民出版社 1981 年版,第 41 页。
② 同上书,第 15 页。
③ 张静如、梁志祥:《中国共产党通志》第 2 卷,中央文献出版社 2001 年版,第 404 页。
④ 《中国近现代人物名号大辞典(续编)》,第 82 页。
⑤ 赵锡骅:《民盟史话》,群言出版社 2014 年版,第 127 页。
⑥ 成都市政协文史学习委员会编:《成都文史资料选编》蓉城杂俎卷,四川人民出版社 2007 年版,第 12 页。
⑦ 《华西坝风云录》编辑组:《华西坝风云录:纪念民主青年协会成立六十周年》,中共川大宣传部 2004 年印,第 321 页。
⑧ 厉华:《魔窟:来自白公馆和渣滓洞的报告》,重庆出版社 2007 年版,第 118 页。
⑨ 李学明:《肝胆相照绘宏图》,四川人民出版社 1999 年版,第 45 页。
⑩ 邱沛篁:《新闻传播百科全书》,四川人民出版社 1998 年版,第 1794 页。

左翼新闻运动的历史评价

"记联"自 1932 年在白色恐怖中的上海宣告成立，到 1936 年在"抗日烽火"中自行解散，只存在了不到四年的时间。但是，作为中国共产党领导下的左翼文化团体的重要成员，"记联"对于推动 20 世纪 30 年代上海左翼新闻运动的蓬勃发展做出了不可替代的历史贡献。"记联"的历史贡献主要表现在以下三个方面：

第一，猛烈批判民国时期新闻界的种种乱象，积极介绍和宣传马克思主义新闻思想，在上海新闻界掀起了一场彪炳史册的左翼新闻运动。

民国时期的上海，是帝国主义势力、官僚势力、买办势力和黑帮势力的聚集地。各方势力为了提高声势、争夺利益，竞相创办和控制新闻报刊。这些受控制的报刊，毫无职业操守和道德底线，不仅极力吹捧和美化自己的金主，还百般诋毁和排挤仗义执言的进步记者。加

之国民党当局对进步报刊的严厉管制,整个上海新闻界一片乌烟瘴气,
"报人的名声比江湖骗子高不了多少,而报人常常就是骗子"①。据统计,
1926 年至 1930 年中国出现的小报中,刊载色情、凶杀、犯罪等新闻以取
悦读者的有 180 种之多。②当时的学者谢六逸痛心疾首地说:"正如毒物
一般,在每天的早晚,残杀最有为的青年,颓废健全的国民。看报纸的人
的头脑浸润在战争、奸杀、盗窃、嫖娼、酒食、冠盖往来、买办暴富里面。一
切受苦受难之声音,被虐被榨的实况,国际情势的变迁,近代学术的趋向,
是永远和中国的阅报者绝缘的。"③

　　"记联"的创立者和盟员首先是一群对当时新闻界丑恶现象非常厌恶
的正义记者。如"记联"的创立者之一袁殊曾这样描述上海新闻界的状
况:"大报记者几乎都是招摇撞骗的流氓记者。怎么这样说呢? ……这些
流氓记者接受有钱有势力人的钱,也有的人接受鸦片商和赌场老板的钱,
整天在旅馆里包房间打麻将,吃、喝、嫖、赌,全不干正经事。另外,这些记
者对那些涉及上层的桃色事件,也是看有钱有势人的眼色行事。谁多给
钱,就给谁干。"④因此,"记联"在其成立纲领中总结道,现实的新闻事业
"不受帝国主义的压迫,便遭封建势力的摧残"⑤。

　　与一般进步记者不同,"记联"的创立者和盟员不仅猛烈批判了当时
新闻界的种种丑恶现象,而且深刻察觉到导致这种状况的社会根源,并找
到了马克思主义新闻思想这一科学理论。"记联"在成立纲领中明确指
出:"所有划期的社会事业,没有一件不是表现着畸形的状态与陷落在
矛盾的幼稚的泥沼里,也没有一件不是在一面受着沉重的压迫,而一面却
又挣扎着向上苦斗;现阶段的中国新闻事业,正是遭遇着相同的命运,大
都受政治环境的束缚,难于征服现实,此刻所能做到的,也无非是挣扎的

---

① 　陈建华:《陈冷:民国时期新闻职业与自由独立之精神》,《东吴学术》2014 年第 1 期。
② 　《中国新闻事业通史》第 2 卷,第 203—204 页。
③ 　胡正强:《中国现代报刊活动家思想评传》,新华出版社 2003 年版,第 363 页。
④ 　《丁淦林文集》,第 38—39 页。
⑤ 　《"文总"与左翼文化运动》,第 220 页。

将就,和苦斗的应付,新闻本身的向上途径,在现存制度下面,决不会有怎样伟大的前途!"①这里所说的"伟大的前途"的新闻事业,正是"记联"行动纲领中所强调的"苏维埃政府新闻事业"和"普罗利他列亚的新闻学与新闻事业"。②可以看到,"记联"成立的宗旨不仅在于批判腐朽的资产阶级旧新闻学,而且在于宣传和发展具有"伟大的前途"的马克思主义新闻学。正是在这种使命召唤下,"记联"以上海为中心掀起了一场影响全国的左翼新闻运动。

第二,冲破国民党当局的文化"围剿"和新闻管制,大量报道苏区革命根据地的真实情况,扩大了中国共产党和马克思主义的影响力。

四一二反革命政变后,国民党当局一方面通过暴力镇压的手段,对中国共产党领导的革命根据地展开军事"围剿";另一方面采取政治高压手段,禁止出版进步书刊,严密封锁苏区消息,迫害进步文化团体和进步知识分子,实行文化"围剿"。1929年1月,国民党当局制定了《宣传品审查条例》,规定宣传共产主义、国家主义、无政府主义等反对或违背"本党主义"的出版物,都属于"反动宣传品",要求各地将这些出版物"查禁、查封或者究办"。③1929年9月,国民党当局颁布了《日报登记办法》,规定:"日报登记合格后,如发现有发动之言论,经当地党部之检举、上级党部宣传部之审查确实、中央宣传部之核准者,得撤销其登记资格,禁止出版。"④1930年12月,国民党当局颁布《出版法》,明确规定各类出版物禁止登载含有"意图破坏中国国民党或三民主义"⑤的内容。1933年1月,国民党当局又制定了《重要都市新闻审查办法》,在各地成立新闻检查所,主持当地的新闻检查工作,进一步加强了舆论管控。

国民党的文化"围剿"政策给中国共产党的新闻事业造成了很大破

---

① 《"文总"与左翼文化运动》,第220页。
② 陈瘦竹主编:《左翼文艺运动史料》,南京大学学报编辑部1980年印,第219—220页。
③ 刘哲民:《近现代出版新闻法规汇编》,学林出版社1992年版,第207—208页。
④ 同上书,第443—444页。
⑤ 同上书,第107页。

坏,中国共产党主办的大量报刊被查禁,许多中国共产党优秀新闻工作者被暗杀。据国民党当局统计,仅 1931 年 11 月至 1932 年 2 月间,邮电检查员"扣留、销缴有关时局平信、日电报,并宣传共产党的各种反动刊物、报纸达 7 280 种"。①对于这种严苛的审查制度,鲁迅撰文讽刺道:"禁期刊,查书籍,不但内容略有革命性的,而且连书面用红字的,作者是俄国的,……也都在禁止之列。"②除了严苛的新闻审查之外,"暗杀共产党报人是国民政府和国民党扼杀共产报业、遏制共产党新闻舆论的另一残酷措施"。③

在这种形势下,"记联"义无反顾地承担起向国统区传播中国共产党革命斗争和无产阶级先进思想的重要任务。一方面,"记联"积极创办自己的机关刊物和广播电台,扩大无产阶级宣传阵地。1934 年 1 月,"记联"创办了机关刊物《集纳批判》,深刻地揭露了资产阶级新闻思想的欺骗性,主张新闻思想要为社会主义革命服务。《集纳批判》发刊词指出:"我们要将现实统治阶级的压迫和欺骗及一切麻醉无情地揭发和暴露,我们要统一中心目标与意志来阐扬以社会主义为根据的科学的集纳主义。"④《集纳批判》被国民党当局查封后,"记联"还创办了小型报纸《华报》,继续宣传革命思想。另一方面,"记联"充分发挥其盟员在上海各报刊担任记者或编辑的便利条件,通过上海《市民报》《江南晚报》等报刊,以及新声通讯社、远东通讯社对外发布中国共产党领导的革命活动的消息。⑤这些措施突破了国民党当局的信息封锁,有效地扩大了中国共产党在国统区的影响力。

第三,为中国共产党培养和造就了一批优秀的马克思主义新闻人才,为新中国社会主义新闻事业的起步和发展积累了宝贵经验。

---

① 　张静庐:《中国现代出版史料》乙编,中华书局 1957 年版,第 173 页。
② 　鲁迅:《鲁迅选集》第 3 卷,中国青年出版社 1958 年版,第 111 页。
③ 　刘永生:《南京国民政府前期新闻舆论管控机制研究》,中国言实出版社 2013 年版,第 127 页。
④ 　《左翼文艺运动史料》,第 337 页。
⑤ 　《中国出版史料补编》,第 306 页。

人才是推动各项事业发展的最根本力量。袁殊在创立"记联"之前，就清楚地看到了新闻人才与新闻事业之间的因果关系，对民国时期腐朽的新闻教育展开了猛烈抨击，他在《学校新闻讲话》一书中写道："我们看日本的学校新闻，可以知道他在学生运动上，在思想斗争上，是如何勇敢上进的，占有文化史上的光荣。我们看英、美的学校新闻，也可以知道他在学术、文艺，乃至政论方面，是尽了如何的贡献；是获得了怎样适宜的赞誉和价值。现在，我们看了中国这一型的学校新闻，又如何的无耻，下流！"①"记联"成立后，袁殊积极组织"记联"盟员参加"记者座谈"等活动，互相交流新闻工作经验，提升马克思主义新闻素养和水平。因此，"记联"的很多盟员都成长为优秀的马克思主义新闻工作者，为党的新闻事业的成长和发展做出了卓越贡献。

民国时期著名的记者陆诒就是"记联"盟员的优秀代表。陆诒在全民族抗日战争爆发前，就积极响应中国共产党的主张，投入抗日新闻的报道工作。1937年全民族抗战爆发后第二天，陆诒就不顾危险地前往北平采访宛平县县长王冷斋。此后，陆诒在武汉担任《新华日报》采访部主任，陆续采访了毛泽东、周恩来、朱德、彭德怀、邓小平、刘伯承、贺龙、叶挺等中国共产党领导人，撰写了大量反映中国共产党人和八路军英勇抗战的感人事迹，为党的新闻宣传工作做出了重要贡献。再如"记联"盟员赵宗麟，1934年加入中国共产党后，深感从此获得了新生，于是更名为柳乃夫（英文 New Life 的谐音），在《新华日报》等进步报刊上发表了大量抨击国民党"不抵抗"政策和宣传共产党抗日救亡方针的文章，产生了很大影响。

"记联"盟员对党的新闻事业的积极作用，不仅表现在土地革命战争时期、全民族抗日战争时期和解放战争时期，1949年以后，"记联"盟员积极参加新中国的新闻工作，为社会主义新闻事业的起步和发展贡献了重要力量。如"记联"盟员贾唯英，在新中国成立后历任共青团西南工作委员会宣传部部长、重庆西南青年出版社社长、《重庆日报》副总编辑等职，

---

① 袁殊：《学校新闻讲话》，湖风书局1932年版，第201—202页。

参与领导了重庆地区党的新闻宣传系统的建立和完善工作。再如"记联"盟员韩劲风，在新中国成立前夕，奉命前往北京参加《光明日报》的筹建工作，此后历任《光明日报》记者和编辑、《人民文学》杂志编辑、《新港》月刊编辑部副主任等职。有的"记联"盟员虽然在"文化大革命"期间受到迫害，被取消了工作，但改革开放之后，又重新回到了新闻工作岗位，继续为党的新闻事业发挥余热。如陆诒在改革开放后担任复旦大学新闻系教授，贾唯英在改革开放后担任重庆日报社新闻研究所所长、重庆市记者协会顾问、新闻学会顾问等职。

　　毋庸讳言，由于时代和环境的限制，"记联"及其领导的左翼新闻运动，也不可避免地存在一些不足之处。一是在发展盟员方面存在关门主义倾向。"萧三来信"中所批评的关门主义倾向，不仅在"左联"中存在，"记联"中也一定程度地存在这种问题。具体表现为，如果一个记者没有积极支持和主动宣传马克思主义和中国共产党的主张，就认为其不够"革命"，断定其不属于"左翼"。因此，哪怕这个记者社会影响很大，也不愿意主动吸纳或接受其加入"记联"。这种关门主义的做法，对于"记联"公信力和影响力的提升显然是不利的。二是在斗争策略方面存在灵活性不足的问题。"记联"与国民党当局的斗争是坚决的、彻底的，其主办的《集纳批判》《华报》等刊物毫不留情揭露了国民党当局的独裁统治和卖国政策，具有重要的积极历史意义。但是，"记联"斗争策略不够灵活，缺乏隐晦抨击国民党当局的技巧，自我保护能力不强，以致《集纳批判》和《华报》很快引起了国民党审查机关的注意并被查禁，"记联"组织也很快遭到严重破坏。如果斗争策略上更加灵活和隐蔽一些，那么"记联"的主张会传播得更为广泛，"记联"在左翼文化运动中的地位和作用也会更大。

　　尽管"记联"在发展过程中有一些缺点和不足，但是"记联"在中国左翼新闻运动历史上依然具有重要地位。"记联"不仅在其存在的四年时间里，积极宣传马克思主义新闻思想，广泛报道中国共产党的主张和苏区革命的消息，大力推动各地抗日救亡运动的发展，在中国新民主主义革命胜利过程中发挥了重要作用。而且，在"记联"解散后，"记联"盟员积极参加抗日战争和解放战争的新闻报道工作，为中国革命走向胜利作出了重要贡献。新中国成立后，他们又积极参加红色报刊和国家通讯社的创建工作，为社会主义新闻事业的发展和壮大贡献了宝贵力量。因此，"记联"不仅在中国左翼新闻运动史上谱写了壮丽辉煌的历史篇章，也为新中国的社会主义新闻事业培养了许多优秀人才、积累了更多宝贵经验。

左翼新闻运动大事记①

（1928—1937 年）

1928 年

1 月　上海无线电播音协会成立。

1 月 15 日　创造社在上海创办《文化批判》月刊，内容包括政治、经济、文化、社会等，主要宣传马克思主义思想，批判资本主义文化，主编是成仿吾。

5 月 1 日　中国早期妇女运动领导人之一、中共湖北省委机关报《大江报》主编向警予在汉口被国民党杀害。

① 本大事记主要参考了《上海新闻志》（《上海新闻志》编纂委员会编、贾树权主编）、《上海新闻史 1850—1949》（马光仁主编）、《中国新闻传媒人物志》（程曼丽、乔云霞主编）、《中国新闻史新修》（吴廷俊著）、《中国新闻法制通史》（倪延年主编、王继先著）、《南京国民政府前期新闻舆论管控机制研究》（刘永生著）等资料。

秋 顾执中在上海集资创办民治新闻专科学校,首批招生四十多人,在夜间上课,主要课程有新闻采访、编辑、写作、报业管理、印刷、摄影、外文、时事分析及社会科学基础知识等。

10月22日 中国共产主义青年团中央机关刊物《列宁青年》在上海创办,主编是陆定一,其前身是1927年11月创办的《无产青年》。

11月 中共中央机关报《红旗》在上海创刊,初为周报,后改为三日报。

12月 上海各报驻南京记者联合会成立。

12月1日 中华全国总工会机关刊物《中国工人》在上海创刊,主编是罗章龙,设置了国际劳动消息、国内劳动消息、特载、通讯、小品、文件和评论等栏目,主要报道全国各地工人受到压迫和剥削的情况,号召广大工人"一致组织起来,并联合全世界各国工人阶级与帝国主义及中国的反动统治阶级作坚决的斗争"。

1929 年

4月17日 由中共中央宣传部领导、李求实担任主编的通俗报纸《上海报》在上海创刊,编辑人员包括谢觉哉、李炳忠、陈为人、吴永康、萧洪升等。该报除新闻报道外,还采用读者来信、问答、图片、诗歌等形式宣传革命思想,受到广大工人群众的普遍喜爱,被称为"上海工人阶级自己唯一的报"。

5月 国民党陆续查禁了《中国工人》《先声周刊》《赤色国际第四次代表大会会议决案》《觉悟青年》等进步刊物。

5月10日 中国共产主义青年团中央在上海创办《学习》杂志,其任务是加强共青团的思想和组织建设,提出广大青年不仅要认真学习马克思列宁主义理论,还"应进一步参加实际斗争,努力在实际斗争中学习"。

6月25日 中共六届二中全会在上海召开。会议审议通过的《宣传工作决议案》提出,要重视马克思主义理论宣传工作,尽量利用群众的组织和刊物,参加或帮助建立各种公开的书店、学校、通讯社、研究会、兴趣班等,巩固和扩大马克思主义思想的阵地。并提出,中共中央宣传部要建立审查科、翻译科、材料科、统计科、出版科、编辑委员会及文化工作委员会等机构,以加强对党报党刊和外围刊物的指导,其中文化工作委员会主要负责指导全国高级的社会科学团体、杂志及编辑公开发行的各种刊物、书籍,是左翼文化运动的重要领导机关。

7 月 29 日 国民党当局暗中指使五十多名暴徒,打着"上海市民铲共锄奸团""沪西青年灭共社"和"青光社"的名号,捣毁出版发行进步刊物的现代书局、光华书局和创造社出版部。

8 月 1 日 中共中央在上海创办华兴书店,组织出版了《中外研究学会丛书》《上海社会科学研究会丛书》等一批进步书籍。

9 月 中共中央宣传部按照中共六届二中全会制定的《宣传工作决议案》之要求,建立文化工作委员会,由潘汉年担任书记,吴黎平、朱镜我等担任委员。

10 月 国民党上海当局公布《取缔上海文化团体规则十二条》,对文化团体开展进步活动进行了严厉限制。

10 月 中共中央文化工作委员会召集上海文化支部党内会议,要求停止关于"革命文学"的争论,统一思想,团结力量,组织建立左翼文化革命团体。

11 月 中共中央文化工作委员会书记潘汉年指示冯雪峰拜访鲁迅,商定成立一个革命文学团体,拟定"中国左翼作家联盟"的名称,鲁迅表示同意成立这个组织,并认为名称中使用"左翼"两字,能够使这个革命文学团体的旗帜更鲜明一点。

12 月 25 日 谢旦如、孟通如和周全平主编的《出版月刊》正式创刊。表面上,这是一本推销介绍新书的商业刊物,实际上,它是宣传和介绍马克思主义著作和进步文学的政治刊物,登载介绍了《费尔巴哈论》《农民与革命》《最后阶段的资本主义》等许多进步书籍。

1930 年

2 月 12 日 中国自由运动大同盟在上海秘密成立。出席成立大会的有鲁迅、潘汉年、郁达夫、冯雪峰、柔石、郑伯奇、王学文、彭康等五十一人。同盟反抗国民党当局的专制统治,为争取言论、出版、结社和集会自由而抗争,喊出了"不自由毋宁死"的口号。并出版了同盟机关刊物《自由运动》。

3 月 2 日 中国左翼作家联盟在上海窦乐安路 233 号的中华艺术大学成立,鲁迅、冯乃超、汪涵、冯雪峰、潘汉年、沈端先、钱杏邨、田汉、蒋光慈、柔石、郁达夫、周全平、彭康、许幸之等人出席成立大会。会议推举鲁迅、沈端先、钱杏邨等三人组成主席团,选举鲁迅、沈端先、钱杏邨、冯乃超、郑伯奇、田汉、洪灵菲等七人为常务委员。

5 月 20 日 中国社会科学家联盟在上海召开成立大会,宁敦武、王学文、朱镜我、钱铁如、吴黎平、杜国庠、杨贤江、邓初民、熊德山等人参加会议。会议选举宁敦武为主席,并设立中共党团,由朱镜我担任党团书记。会议通过的《中国社会科学家联盟纲领》,提出了"社联"的五项任务:"(一)以马克思主义的观点,分析中国及国际经济政治,促进中国革命。(二)研究并介绍马克思主义理论,使它普及于一般。(三)严厉的驳斥一切非马克思主义的思想——如民族改良主义,自由主义及假马克思主义的理论——如社会民主主义、托洛茨基主义及机会主义。(四)有系统地领导中国的新兴社会科学运动的发展,扩大正确的马克思主义的宣传。(五)革命的马克思主义者,决不是限于理论的研究,无疑地应该努力参加中国无产阶级解放运动的实际斗争,在目前要积极争取言论、出版、思想、集会等等的自由。"

6 月 华兴书局出版了《列宁与托洛茨基》《反托洛茨基论文集》《反布哈林》等进步书籍。

6 月 11 日 中共中央在上海召开政治局会议,由李立三主持会议。

这次会议通过了李立三起草的《新的革命高潮与一省或几省的首先胜利》决议,主张在国民党统治严密的城市发动武装暴动,以夺取城市政权。这次会议后,以李立三为代表的"左"倾冒险错误在中共党内占据了统治地位。

8月2日 《上海报》刊登宣言,号召坚决拥护中国共产党和中国苏维埃政权,反对帝国主义战争,推翻资产阶级的腐朽统治。

8月12日 国民党当局查封了平凡书店,上海书业总会召集各大书店代表开会,发表宣言抗议国民党的文化专制政策。

8月15日 中共中央机关报《红旗日报》在上海创刊,该报由《红旗》和《上海报》合并而来,李求实担任主编,撰稿人有李立三、关向应、张闻天、周恩来、瞿秋白等,主要刊登中共中央文件、革命根据地来信、莫斯科通讯、欧洲通讯及其他消息和评论等,设有副刊《红旗俱乐部》。《红旗日报》发刊词指出:"在现在阶级社会里,报纸是一种阶级斗争的工具"。因此,其任务不仅包括"登载每日的全国的政治事变,传达各地的革命活动",而且要"发布中国共产党对革命中各个问题的观点和主张","反对国民党的统治压迫","宣传革命的理论"。

8月23日 中国左翼剧团联盟在上海成立,来自"辛西""大夏""摩登""戏剧协社""光明"等戏剧团体的五十多名代表出席成立大会。

9月6日 中国左翼文化总同盟筹备委员会代表与日本革命文化团体代表在上海举行联席会议,决定加强联系,成立中日革命文化团体联络机关,出版机关刊物。

9月15日 中国社会科学家联盟机关刊物《社会科学战线》创刊。

9月22日 中国自由运动大同盟在上海召开全国代表大会,来自各省的代表及中国共产党、中华苏维埃共和国、全国总工会、上海反帝大同盟、上海总工联、江苏互济总会、"左联"、中国革命互济会的代表六十多人出席会议。大会讨论通过了同盟的思想纲领、组织纲领、行动纲领和大会宣言等文件。

9月24日 中国共产党在上海召开扩大的六届三中全会。

10月 中国左翼文化总同盟在上海成立,统一领导"左联""社联"等左翼文化团体的工作。中国左翼文化总同盟受中共中央宣传部文化工作委员会指导。

10月16日 蒋介石集中十万兵力,发起了对中央苏区和红军的第一次"围剿"行动,不久被红军粉碎。

冬 中国社会科学研究会在上海成立,潘汉年、王学文、彭康、刘锡五等七八十人出席成立大会。会议选举王学文、朱理治、陈孤凤等担任研究会负责人,并设立中共党团,由王学文担任书记,朱理治、陈孤凤担任委员。

11月8日 国民党中央秘密下令,要上海特别市政府、沪淞警备司令部联合开展行动,取缔"左联""社联"等左翼文化团体,并"缉拿其首要分子"。

12月 上海法租界巡捕房政治部列举了四十余种要查禁的报刊名单,包括《苏维埃画报》《赤色海员》《红旗日报》《列宁青年》《革命工人》等红色报刊,要求全体巡捕"将所有报纸及销售报人一并拘入巡捕房",如有"系一再过犯者,即送解公堂罚办"。

12月7日 国民党政府大肆拘捕办报人员,《红旗日报》被迫停刊。

12月20日 《红旗日报》复刊。

1931 年

1月 在1930年8月成立的左翼戏剧团联盟的基础上,中国左翼戏剧家联盟在上海成立,主要领导人有刘保罗、赵铭彝、郑君里等。中国左翼戏剧家联盟设立中共党团,田汉担任书记,积极推动戏剧深入工农大众,主张戏剧要为鼓舞人民群众的革命斗争和抗日热情服务。

1月 《红旗日报》的中大印刷所被上海闸北巡捕房查抄,没收四千多份《红旗日报》,并将钱金淦、曹根发等职工逮捕,押送到特区地方法院审讯。

1月 申报馆在上海创办申报新闻函授学校，由马荫良、张蕴和等主持学校事务，招收函授学员五百多人。此后，该校编辑出版了许多新闻学函授教材，如《新闻学概论》（孙怀仁编）、《报馆管理与组织》（钱伯涵编著）、《实用新闻学》（谢六逸、芮必峰编）等。

1月7日 中国共产党在上海召开扩大的六届四中全会。

1月17日 中国共产党早期职工运动和青年运动领导人之一林育南以及左翼作家联盟骨干成员李求实、柔石、胡也频、冯铿、殷夫等人被国民党逮捕，并于次月7日在上海龙华被害。

1月21日 中共中央发布《中共中央通知第二〇三号——改用党报方式加强党对实际工作的指导》，强调："中央为更加紧更切实的对实际工作中的指导，为更加强对党报在党的领导，中央以后对于指导的方式，决定改变过去发表的极长的分析政治的通告的方式，而以党报的社论为代表中央政治局在政治上的分析与策略的指导，一切重要工作的具体指示，决以政治局的决议案来指导各级党部。"

1月25日 中共中央刊物《党的建设》在上海创刊，其任务是宣传如何加强党的自身建设，讨论党的建设理论以及组织原则和工作方法等，也转载中共中央关于党的建设的决议和文件。

1月31日 中共中央机关报《红旗日报》发表社论猛击国民党当局的专制统治，号召人民群众反抗白色恐怖，文章题目是《反对反革命的国民党政府底"紧急治罪法"》。

2月 南京国民政府公布《危害民国紧急治罪法》，规定"以文字、图画或演说为叛国之宣传者"，处死刑或无期徒刑。

2月2日 中共中央宣传部主办的《宣传者》杂志在上海创办，其任务是加强各地党组织对党的宣传工作的领导，主要刊登有关党的宣传工作的决议、指示和文件，以及各地开展党的宣传工作的实践经验。

2月7日 中共中央理论刊物《实话》刊登中共中央政治局通过的《关于党报的决议》，强调"以后党报必须成为党的工作及群众工作的领导者，成为扩大党在群众中影响的有力的工具，成为群众的组织者。党报不仅要解说中国革命的力量问题策略问题,解说党目前的中心口号,同时,要极可能的多收集关于实际工作的文章,特别是关于党的组织任务的文章,论文要带有指示文件的性质,要带极高限度的具体性,应当给予实际工作中的同志以具体的建议。同时,各级党部应当解说党报的作用,使同志来正确地认识党报,来实际的帮助党报。写文章,帮助发行"。

2月中旬 张闻天从苏联回到上海,担任中共中央宣传部部长,兼任党报委员会书记,负责《红旗日报》《斗争》等党报党刊的编辑出版工作。

3月5日 王稼祥主编的中共中央理论刊物《实话》停刊。

3月9日 王稼祥主编的中共中央机关报《红旗日报》停刊。同时,《红旗周报》在上海创刊,作为中共中央新的机关报。《红旗周报》由中共中央宣传部部长张闻天担任主编,不定期出刊。

3月10日 中共江苏省委机关报《群众日报》在上海创刊。

3月16日 《文艺新闻》在上海创刊。主编前期由袁殊担任,后期由楼适夷、沈端先、叶以群先后担任。袁殊在《文艺新闻》发刊词中宣告了为大众办报的宗旨:"新闻是为大众,属于大众……文化的主人是大众,文艺新闻的主人亦是大众。"《文艺新闻》的内容主要是对资产阶级文艺的批判和文艺界动向的报道,偶尔也登载一些短小的文艺作品,报道一些时事政治。这些时事有不少是国民党反动派禁止刊登的,如"左联"五位作家被害的事件,当时只有《文艺新闻》敢发消息,并刊登了烈士的照片和悼念文章。九一八事变发生的第二天,《文艺新闻》记者就走访上海知名作家,请他们每人写出几行对事变的感想和意见,并马上出版一个特辑。

4月 以邓演达为代表的第三党,为宣传自己的政治主张,扩大阵地,在上海雷华路创办了其机关报《革命行动日报》,由李世璋担任总编辑、漆琪生担任编辑,主要政治倾向是反帝反蒋。

4月1日 蒋介石发动二十万兵力,对中央苏区和中央红军展开第二次军事"围剿",不久再告失败。

7月 李孤帆主编的《新社会》杂志创刊,主要宣传抗日救国思想,反对国民党的政治独裁和贪污腐败。

7月1日 蒋介石发动三十万兵力,亲自指挥对中共中央革命根据地的第三次军事"围剿",不久即告失败。

8月20日 《文艺新闻》组织成立读者联欢会,通过开设名人讲座等方式,扩大社会影响力。

9月1日 中共江苏省委宣传部主办的党内教育刊物《理论与实践》创刊,为三日刊。

9月18日 日本驻中国东北的侵略军自行炸毁沈阳北郊柳条湖附近南满铁路的一段路轨,反诬中国军队破坏铁路,并以此为借口,突然袭击中国军队驻地北大营和沈阳城,九一八事变爆发。

9月28日 《文艺新闻》发表《起来!中国的大众!》一文,抗议日军霸占东北,并刊载了鲁迅、陈望道、郁达夫、郑伯奇、胡愈之、王独清、周予同等上海文化界人士对日本侵占东三省的抗议文章。

10月 上海时事新报馆负责人无端解雇16名编辑、记者和工人,遭到报馆职工的坚决反对。在上海报界工会、上海新闻记者联欢会等新闻团体的积极声援下,时事新报馆收回成命,并公开道歉,改正错误。

10月5日 《文艺新闻》策划登载了《左翼文化界抗日反帝大行进》专栏,其中包括瞿秋白的《东洋人出兵》等,"剧联"的《剧联致世界的宣言》,"美联"发表的主张民众反抗日本侵略的宣言等,同时刊登了袁殊、翁毅夫、黄天鹏、任白涛等人署名的《向中国新闻界紧急请求》宣言,呼吁新闻界联合起来,一致抗日。

10月21日 中国新闻学研究会在上海成立,会员四十余人,其中有《申报》《新闻报》《时报》等报的进步记者,以及复旦大学新闻系、上海民治新闻专科学校的师生。《文艺新闻》周刊的工作人员是中国新闻学研究会的核心,此外还包括左翼社会科学家联盟新闻组"集纳协会"的其他一些成员,瞿秋白、邓中夏也曾参与和指导中国新闻学研究会的活动。《中国新闻学研究会宣言》指出:"我们除了致力新闻学之科学的技术的研究外,我们更将全力致力于以社会主义为根据的科学的新闻学之理论的阐扬。"

12月 上海日报公会发表宣言并致电南京国民政府,抗议上海市邮电管理局非法扣压寄往外地的《申报》《新闻报》《时报》《民国日报》等各大报纸。同时致函国民党上海市党部,郑重声明:"言论出版之自由,乃民权之大纲,垂诸遗教,固非命令所变更,亦非暴力所蹂躏……保报纸尊严,再三审议,众气歔同,决定即日起,绝对不受任何检查,绝对不受任何干涉,谨此宣言。"

12 月 3 日　中国左翼世界语联盟成立,并创办了《世界》月刊。

12 月 6 日　上海民众反日救国联合会成立。随后发表抗日宣言,并举行群众反日游行示威。

12 月 11 日　中华苏维埃共和国临时中央政府机关报《红色中华》在江西瑞金创刊。创刊词中指出:"它的任务是要发挥中央政府对中国苏维埃运动的积极领导作用,达到建立巩固而广大的苏维埃根据地,创造大规模的红军,组织大规模的革命战争,以推翻帝国主义国民党的统治,使革命在一省或几省首先胜利,以达到全国的胜利。"

12 月 15 日　上海文化界反帝抗日联盟成立。发起人有丁玲、郁达夫、胡愈之、周建人、夏丏尊、叶绍钧、邓初民等,主要任务是团结全国文化界人士,开展抗日救亡的文化运动,并积极联络国际反帝组织。

12 月 20 日　宋庆龄发表《宋庆龄之宣言》,尖锐地指出:"亡国民党者,非其党外之敌人,而为党内之领袖。"

1932 年

1 月　《民国日报》在日本人胁迫下停刊,5 月改名为《民报》继续出版。

1 月 3 日　江苏省委机关报《列宁生活》创刊。

1 月 7 日　上海民众反日救国联合会宣传部创办《反日民众》三日报,积极揭露日军暴行,抗议"不抵抗"政策,呼吁民众团结起来反对日本侵略。

1 月 9 日　中共临时中央通过了《关于争取革命在一省与数省首先

胜利的决议》,继续强调武装暴动和夺取大城市。

1月17日 上海民众反日救国联合会在南京举行群众游行集会,抗议日本侵略,呼吁南京国民政府进行积极抵抗。

1月28日 日本侵略军由租界向闸北一带进攻,驻守上海的十九路军在全国人民抗日高潮的推动下,奋起抵抗,开始了淞沪抗战。

2月1日 日军飞机炸毁商务印书馆和东方图书馆,大量珍贵藏书被炮火烧毁。

2月3日 《文艺新闻》加印战时特刊《烽火》,揭露日军暴行,鼓励民众抗日。

2月8日 中国著作家抗日会成立,戈公振、陈望道、施复亮、王礼锡、龚彬、冯雪峰等人担任执行委员。

春 中国新闻学研究会在《文艺新闻》上出了一个专业副刊《集纳》。"集纳"是英文"journal"(报纸、杂志、期刊)一词的音译。通过《集纳》副刊,中国新闻学研究会最早对无产阶级新闻理论作了一些初步的探讨,主要观点包括:(1)在阶级社会里,一切阶级的现象和现实是新闻产生的源泉。(2)资本主义的所谓新闻事业已成为阶级压迫、麻醉、欺骗的工具,因此,我们要将现实统治阶级的压迫和欺骗及一切麻醉,无情地揭发与暴露。(3)新闻价值原是以最大多数读者之喜欢与否而确定,新闻之工作者,自研究而从业,亦必须以最大多数人之利弊为依归。(4)新闻学不能忽略中国的文化进程和中国的社会背景。

3月5日 "文总"召开第四次代表大会,发表《为坚持反日战争到底 反对进攻苏联与中国苏维埃红军 通电全世界无产阶级与被压迫阶级与被压迫民族》通电。

3月20日 中国左翼新闻记者联盟在上海召开成立大会。会议通过了《中国左翼新闻记者联盟斗争纲领》《开办国际通讯社传播革命消息》《广泛建立工农通讯员》《开展工厂、学校、兵营的墙报活动》等决议。提出"争取新闻言论出版的绝对自由"、使新闻事业"成为鼓动大众组织大众之武器"等主张。

4月12日 中国新闻学研究会发表《檄全国新闻记者书》,号召全体从事新闻工作的同志"迅速的集合,组织起来,从研究到行动,负起新闻界对社会所应负的任务"。

4月17日 中国左翼教育工作者联盟在上海成立,其宗旨是铲除没落的旧教育,研究建设新兴的教育,又称新兴教育社,接受"文总"的领导。

4月20日 中共江苏省委主办的《大中报》创刊,主编为应修人。主要宣传中国共产党和苏维埃临时政府的主张,抨击国民党的"不抵抗"政策。

5月5日 南京国民政府与日本签订了屈辱的《淞沪停战协定》,将上海划为非武装区,日本可以在上海驻扎军队,但南京国民政府不能在上海和苏州地区驻扎军队。

5月29日 中共江苏省委机关报《真话报》创刊。

6月 国民党中央通讯社在上海成立分社,任命钱沧硕为主任,增加人员,增设机构,加强对上海的舆论控制。

6月7日 中国文化界反帝抗日联盟发表宣言,呼吁南京国民政府积极准备反对日本帝国主义的战争,并派代表参加国际反对战争大会。

6月16日 蒋介石发动五十万兵力,亲自担任总司令,开始了对江西中央革命根据地和中央红军的第四次军事"围剿"。

6月24日 上海新闻记者联欢会、上海日报记者公会和上海通讯社记者公会正式合并,成立上海新闻记者公会,选举马崇淦、严谔声、何西亚、金雄白、赵君豪、杭石君、余空我、钱沧硕等15人为执行委员,马崇淦、余空我、钱沧硕、严谔声和瞿绍伊为常务委员,下设组织、事务、交际、游艺和文书五科,戈公振等人编辑的《记者周刊》继续作为上海新闻记者公会会刊出版。

6月30日 上海《申报》连载陶行知撰写的《剿匪与造匪》文章,揭露了国民党当局的"剿匪"谎言。

10月15日 陈独秀在上海住所被国民党当局以"危害民国罪"逮捕,随后押解至南京受审,判处有期徒刑十三年。全民族抗日战争爆发后获释。

11 月 3 日 中共临时中央政治局常委、中央宣传部部长张闻天在中共中央机关报《斗争》上发表《文艺战线上的关门主义》一文,严肃批评了当时上海左翼文化团体中出现的极端偏"左"倾向。

11 月 15 日 "文总"主办的《文化月刊》创刊,编者署名陈质夫。

12 月 1 日 《申报·自由谈》改版,史量才聘请从法国留学回来的黎烈文担任主编。黎烈文在鲁迅、茅盾等的大力支持下,使该刊成为上海左翼文化团体的重要阵地。

12 月 8 日 中国民权保障同盟在上海成立,发起人有宋庆龄、林语堂、蔡元培、杨杏佛等。

1933 年

1 月 中共临时中央迁往江西瑞金中央苏区,后在上海成立中共上海中央局。

1 月 10 日 中华书局主办的《新中华》在上海创刊,为半月刊。

1 月 21 日 《江声日报》经理兼总编辑刘煜生被国民党政府以"宣传共党,意欲颠覆政府"的罪名杀害。以蔡元培、宋庆龄、鲁迅为主要成员的中国民权保障同盟为此召开大会,愤怒谴责国民政府践踏人权、残害刘煜生的罪行,并号召全国报纸停刊一天。京沪线新闻界人士一致认为刘煜生是"为新闻而生,为新闻而死,是为新闻而殉节"。

1 月 31 日 《时事新报》驻南京记者王慰三被国民党特务暗杀,上海各报驻南京记者联合会、南京记者公会紧急召开会议,要求国民党当局彻查真相、严惩凶手,保障新闻记者的生命安全。

2 月 "文总"机关刊《艺术新闻》创刊。

2 月 4 日 中共苏区中央局机关报《斗争》在江西瑞金创刊。该刊由苏区中央局主办的《实话》和《党的建设》两刊合并而来,张闻天担任该刊主要负责人。

3月 上海新闻记者公会召开春季会员大会,通过了《保障新闻记者暨改善待遇案》,呼吁南京国民政府切实保障新闻记者的人身安全。

3月 中国共产党领导下的左翼电影小组成立,由夏衍、阿英、司徒慧敏、王尘无和凌鹤五个人组成,夏衍担任组长。

3月14日 "左联"印制《马克思逝世五十周年纪念宣言》和《我们怎样纪念马克思》两个小册子,广为散发。

5月 中国文化总同盟刊物《文化新闻》在上海创刊。

5月1日 国民党特务组织蓝衣社在上海开设办事处,随后大肆逮捕中国共产党人和左翼文化界人士。

5月4日 《中国论坛》详细报道了漕河泾监狱政治犯的绝食斗争,将国民党当局虐待革命者的暴行公之于众。

5月14日 "左联"党团书记丁玲和《真话报》总编辑潘梓年国民党特务逮捕,中共江苏省委宣传部部长应修人在与国民党特务搏斗中牺牲。

6月1日 中国文化总同盟主办的《正路》杂志创刊,张耀华担任主编,蔡馥生担任副主编,湖风书店负责发行。主要撰稿人有朱镜我、艾思奇、茅盾、周扬、马亚人、楼适夷、马纯古等。

6月10日 为了营救丁玲和潘梓年,文化界成立营救会,并发表《文化界为营救丁潘宣言》。

7月1日 国民党上海市党部执行委员潘公展主编的《汗血周刊》创刊,公开宣称:"法西斯主义是二十世纪的骄子,是政治上的一种新的倾向,它使德谟克拉西趋于自然的没落!"

10月 蒋介石调集一百万兵力,开始对江西中央革命根据地和鄂豫皖等其他革命根据地展开第五次军事"围剿"。

11月6日 国民党上海特别市党部展开"剿匪宣传周"行动,利用《汗血月刊》和《汗血周刊》联合发表《征求"文化剿匪研究专号"征文启事》,提出了"文化剿匪"等口号。

12月21日 国民党军警在夜间突然袭击大夏、光华、暨南等大学,逮捕了一百多名左翼文化团体成员。

1934 年

1 月　开封《河南晚报》总编辑因发表《风雨飘摇中的西北中学》一文，被国民党当局逮捕，判处三个月有期徒刑，引起了进步记者的坚决抗议。

1 月 7 日　创办新闻理论周刊《集纳批判》。该刊是"记联"的机关刊物，编辑人员包括饶炳寰等。创刊号发表《我们的使命》指出："我们要将现实统治阶级的压迫与欺骗及一切麻醉无情地揭发和暴露，我们要统一中心目标与意志来阐扬以社会主义为根据的科学的集纳主义。"《集纳批判》强调新闻业的阶级性，提出了新闻"是鼓动大众组织大众之武器"的观点。该刊批判"资产阶级反动新闻学"，并就建立无产阶级新闻学和代表人民大众利益的新闻事业等问题进行了探讨。《集纳批判》反映的是主要是共产国际的新闻观点。该刊只出版了四期即被查禁。

1 月 21 日　《集纳批判》第 2 号出版，刊载《中国左翼新闻记者联盟行动纲领及组织纲领》一文。指出："坚决执行新闻大众化，发动全国的工场新闻、农村新闻、军营新闻、学校新闻、街头壁报等的阶级新闻运动，并努力促其深入普遍的实践，以期使其成为鼓动大众组织大众之武器。"

2 月　国民党特务和军警包围山海工学团总部，逮捕了马侣贤团长，罪名是担任"左翼文化联盟负责人"。

2 月 10 日　杜重远主编的《新生》周刊创刊，编务工作由艾寒松负责。该刊物是《生活》周刊被禁后，生活书店另外创办的刊物，意为《生活》周刊的"新生"，仍然坚持进步立场。

春　"记联"出版小型报纸《华报》，不久即被迫停刊。

4 月　"记联"的外围组织上海记者联谊会，在一次组织记者团正要进行集体采访时，所有人都被逮捕了，此后"记联"活动全部转到地下。日本报纸《日日新闻》曾记载："记联全部破获，书记丁中被捕。"当时右翼期刊《华北月刊》刊载"'集纳批判'之关门"一文记录此事，内容如下："上海前此有一个叫做'集纳批判'之小刊物,专一以骂人为主。态度不红不白,令人琢磨不着,日前突闻已关门大吉。经探询之后知其真面目如左:原来'集纳批判'其物为'文总'指挥下小喽啰所谓'新联'之机关刊物,他的主持人为丁××。此人尚在东南医校读书。至于'集纳批判'关门之原因,关系日前该'新联'在某处集会,为警探闻知,驰往捕缉,自首领丁××以下全体小喽啰数十皆入罗网,所以其所主持之无聊刊物'集纳批判'不得不寿终正寝。"

6月 《华北日报》因在国内头条位置刊出关内与东北即将通车通邮的消息,被国民党中宣部勒令停刊,社长刘真如被宪兵团押送到南京审讯,总编辑陈国廉亦自行前往南京请罪。不久,该报被国民党中宣部派员接管。

6月 中共上海中央局、中共江苏省委、全国总工会党团遭到国民党的严重破坏。

7月23日 因所办《民生报》刊登了汪精卫亲信、行政院政务处长彭学沛贪污渎职的文章,成舍我在南京被国民党逮捕,《民生报》被汪精卫下令永远停刊,上海新闻界积极营救。汪精卫派人传言,只要成舍我肯写一封向汪的道歉信,汪即可收回成命。不料成舍我严词拒绝,说出一句载入中国新闻史的名言:"我可以当一辈子新闻记者,汪先生不可能做一辈子行政院长!"

9月1日 《记者座谈》正式创刊,每周在《大美晚报》出一期,自第二期起,每逢星期五出版,1935年后改为星期四出刊,约占半个版面,内容涉及国外新闻事业概况、帝国主义新闻阴谋、国民政府新闻法批判等,由恽逸群、陆诒、刘祖澄负责编辑,主要责任编辑是恽逸群。经常撰稿的有袁殊、杨半农、徐心芹、沈颂芳、许书萍、郑宏述等。

10月3日 上海书业同业公会接到上海市教育局向转发的、上海特别市政府制定的《图书须内政部审核后始准发行令》。

10月16日 第五次反"围剿"失败,中共中央和中央红军主力被迫进行战略转移,开始长征。

11 月 10 日　李公朴主编的《读书生活》创刊,为半月刊,夏征农、艾思奇、柳湜等人担任编辑。

11 月 13 日　著名报业家、上海《申报》总经理史量才被国民党特务杀害。史量才是当时国内最大的报业资本家之一。九一八事变后,主张团结抗日,反对国民党独裁统治。对《申报》进行改革,邀请爱国人士黄炎培、戈公振等人进报馆设计部。改革副刊"自由谈",大量发表鲁迅、茅盾等进步作家文章。积极支持中国民权保障同盟工作,引起了国民党当局的不满。

1935 年

2 月 19 日　中共上海中央局遭到国民党的严重破坏,中共上海中央局书记黄文杰、组织部部长何成湘、宣传部部长朱镜我、中央秘书处张唯一、中央文委书记阳翰笙、文委成员田汉、"社联"党团书记杜国庠、"社联"党团成员许涤新等三十六人被捕。

3 月 30 日　上海特别市公安局和教育部联合搜查了新中国书局和现代书局,销毁了《羊棚外之奇想》和《新写实主义论文集》两本书,罪名是"鼓吹无产阶级革命,宣传普罗文艺"。

5 月 4 日　上海《新生》周刊登载了笔名为"易水"(原名艾寒松)的《闲话皇帝》一文。文章谈到日本的真正统治者是日本的军部和资产阶级,天皇是有名无实的。该文发表后,引起了日本方面的不满。国民党方面为了讨好日本和推卸责任,决定让《新生》周刊负责人杜重远出面承担责任,要其声称该文系未经送审擅自刊登。不料两次都被杜重远严词拒绝,并称该文作者"易水"未留地址,无从寻找。此时日方一再向上海市府催逼施压,还派人到"图审会"门前寻衅,企图扩大事态。眼看情势日渐严重,政府方面只得再找杜重远,请他体念时艰,以党国为重、地方为重,出面担责,以免牵连政府,致使事态进一步扩大。杜重远思考后,终于答应受屈出面担责,上法庭受审。最后法庭判处杜重远有期徒刑一年两个月。

判决公开后，舆论哗然。一时间，出现"《新生》周刊话皇帝，满街争说杜重远"的情形，《新生》周刊案发展成为一个重要政治事件。

7 月 中共上海临时中央局、共青团中央遭到国民党特务的严重破坏，"文委"和"左联"党团与上级失去了联系。

8 月 国民党中央宣传部秘密印发了《中央取缔反动书籍杂志一览》，列举了 676 种要查禁的社会科学图书。

秋 创办中华新闻社，向报刊发稿，一直活动至 1936 年 5 月。

12 月 "左联"常委会开会讨论后，决定自行解散，筹备成立中国作家协会。

12 月 《记者座谈》刊登了顾执中、萨空了、恽逸群、陆诒、杨半农、吴树人、鲁少飞、谢六逸、郭步陶、卜少夫等 71 名记者联名发表的《上海新闻记者为争取言论自由宣言》，抗议国民党政府剥夺言论出版自由的新闻检查制度。《宣言》提出了两个主张：第一，反对新闻检查制度的继续存在；第二，检查制度虽不立即撤销，一个自己认为还算是舆论机关的报纸，绝对不受检查！此外，《宣言》还提出四个口号：第一，根本撤废新闻检查！第二，随时公开对日外交！坚决反对任何屈辱秘密协定！第三，以全国的力量，收复失地！第四，要复兴民族，恢复国权，必须实行言论出版集会结社的自由；以集中全国的力量，收复失地，争取中华民族解放的胜利前途！

12 月 27 日 上海文化界救国会成立，选举马相伯、邹韬奋、陶行知、艾思奇、沈钧儒、章乃器、王造时、史良、沙千里、江问渔等 30 人担任执行委员，并发表《上海文化界第二次救国宣言》。中国共产党在上海文化界救国会中成立党团，由钱俊瑞担任党团书记。

1936 年

1 月 1 日 北平和天津的新闻界联合起来，成立了平津新闻学会。该会的宗旨是"研究新闻学术，增进言论自由，及发展新闻事业"，学会领导者包括陈博生、梁士纯、成舍我、张季鸾、张明炜、林仲易、宋梅村、孙瑞芹等。他们向国民党政府提出了废除新闻审查制度的四项要求："(一)切实开放言禁；(二)切实保障报馆及从事报业者之安全；(三)不得迫令报纸为图利一人一派之宣传；(四)撤销以前未按正当程序对报馆或记者所加之处分。"

1月初 读书生活出版社在上海成立，艾思奇、柳湜、郑易里等负责编务工作，黄洛峰担任总经理。该出版社推出的第一本书是艾思奇的《大众哲学》，收到读者普遍好评。

1月11日 《上海新闻记者争取言论自由宣言》在邹韬奋主办的《大众生活》第9期刊载，顾执中、萨空了、谢六逸、恽逸群、陆诒、郭步陶、卜少夫等71名记者联合署名。宣言指出："在整个中华民族解放斗争的阶段上，报纸应该是唤起民众，组织民众，反抗一切帝国主义者侵略压迫的唯一武器。"

2月 南京国民政府成立中央广播事业指导委员会，陈果夫担任委员会主任，公布了一系列广播节目审查法令，规定凡宣传共产主义、主张抗日、反对妥协的节目，必须修正或删除，否则将给予警告、停播或吊销执照。

2月14日 上海文化界救国会发表《〈中宣部告国人书〉之辩证》，声明："三军可夺帅，匹夫不可夺志。我们倘使是中宣部一纸文告所能吓到的人，我们早就不敢在'救国有罪'的环境下，公然以救国相号召。"呼吁有国民党内的有识之士"从今日起，立即明是非，树正义，爱惜犹存的民族元气，维系仅有的未失人心，以树立上下一心，共赴国难的基础"。

5月6日 上海各界救国联合会机关报《救亡情报》创刊，主办团体包括上海职业界救国会、上海国难教育社、上海妇女界救国会、上海文化界救国会、上海各大学教授救国会等，编辑有钱俊瑞、徐雪寒、柳乃夫、恽逸群、吴大琨、刘群和陆诒等。

5月7日 《记者座谈》停刊，共出89期(中间曾停刊两次)。

7月6日 中共中央领导人张闻天、周恩来致信冯雪峰，指示他"同一切关门主义作坚决斗争"。

7月23日 恽逸群为袁殊《记者道》一书作序,并借此传达了自己的新闻思想:"一个正确的新闻纸,它要真正能做到为大众的耳目,为大众的喉舌,记载真实的、大众应该知道的事实,说大众要说的话。但是,一个报纸还不是仅仅做到这样为止,就算完成了它的使命,它更应该积极地指导大众,教育大众,组织大众。在当前的民族危机日益加深的时候,新闻从业员所负担的任务,无疑义地格外重大。"

10月19日 鲁迅在上海逝世,中共中央发表悼念通电,毛泽东、蔡元培、宋庆龄、沈钧儒、萧三、马相伯、内山完造、史沫特莱、茅盾等人组成治丧委员会。

11月 袁殊著《记者道》一书出版。该书主要收录的是袁殊发表在《记者座谈》上的文章。

11月23日 全国各界救国会领袖沈钧儒、李公朴、章乃器、邹韬奋、沙千里、史良、王造时等人被国民党当局逮捕,罪名是"组织非法团体,勾结赤匪,煽动罢工、罢课、罢市,阴谋扰乱治安,企图颠覆政府",是为"七君子"事件。

12月 针对西安事变,全国一百多家报社联合发表《全国报界对时局宣言》,表示"拥护政府一切对内对外政策"。

1937 年

1月 上海八家私营广播电台被国民党当局勒令关闭。

3月1日 国民党上海特别市党部下令上海书业公会"对于新文字任何书刊一律停售"。

7月 上海新闻界人士发起筹备上海新闻学会。

7月7日 日本侵略军强攻宛平县城,中国军民奋起抵抗,全民族抗日战争爆发。

8月20日 国民党第五届中央执行委员会第五十次常会根据战时形势,对新闻检查标准进行修改,重新规定军事新闻应扣留或删改者,以及外交新闻应扣留或删改者。

11 月 4 日 范长江、羊枣、恽逸群、夏衍等人商议，决定组织一个永久性的团体——中国青年新闻记者协会。不少原"记联"成员加入了中国青年新闻记者协会。

11 月 8 日 中国青年新闻记者协会在上海山西路南京饭店宣告成立。出席成立会的发起人包括范长江、羊枣等 15 人。

12 月 《申报》和《大公报》为了拒绝日本侵略者的新闻审查，宣布暂停出版，迁往内地办刊。由于《新闻报》《时报》和《大晚报》接受了日本侵略者的新闻审查，很多爱国记者宣布退出上述报刊。

左翼新闻运动相关史料

一、我 们 的 使 命

集纳批判的实践意义

"集纳",它被介绍到中国来,给我们应用到这里,我们把它解释为广泛的新闻文化运动批判的实践,新闻发生之由来是依于社会生活反映的缩影,社会的整体是基于被压迫的整千万的广大的社会群众,新闻事业是推进社会进展的武器,然而现在确是相反,在资本主义社会下,所谓新闻事业已成了某阶级压迫、麻醉、欺骗某阶级的工具。

我们认明了这一意义,就来推行这一集纳批判的工作;从检阅过去的、批判目前的、更暴露御用新闻事业的黑暗面,来建立依于大众利益上的新闻事业,进而达到新文化运动的实践的全般意义。对于整个社会阶级对立的斗争工程上，我们能获得认识和理解，去实践被压迫阶级新闻的全部解放。

　　资本主义末期社会的一切现象和现实，应该完全站立于阶级对立的意义上去理解。一切阶级现象和现实，是新闻产生的源泉；是造成斗争理论的综合的前提。建立新闻文化工作，必先理解这现实和这现象的阶级关系，并促成这关系的开展。

　　其次，对于现实的全文化的政治斗争和新闻的集纳主义运动，我们应该给予正确的联系，和有理论行动的实践，我们更以坚决的信心与志愿投于这艰巨的伟大的历程。

　　我们要将现实统治阶级的压迫与欺骗及一切麻醉无情地揭发和暴露，我们要统一中心目标与意志来阐扬以社会主义为根据的科学的集纳主义。我们更致全力于充实社会大众的新闻文化，凡地方、学校、工场、农村属于社会大众所需要的新闻，我们要给予充分的营养和扶持及作无尽的开拓。

（载 1934 年 1 月 7 日《集纳批判》创刊号）

二、中国左翼新闻记者联盟行动纲领及组织纲领

行 动 纲 领

一　争取言论出版的绝对自由。

二　否认现行的出版法及新闻法与各种国民党中央或地方机关新闻检查邮电检查等一切束缚压制新闻文化之发展的法令。

三　争取新闻事业在一切交通机关——航空航海铁道邮电——的无条件的绝对便利。

四　粉碎并摘发一切反动新闻托辣斯国民党法西斯蒂各种各色官僚军阀的走狗报及其御用的走狗记者之欺骗与其存在。

五　坚决执行新闻大众化，发动全国的工场新闻、农村新闻、军营新

闻、学校新闻、街头壁报等的阶级新闻运动。并努力促其深入普遍的实践，以期使其成为鼓动大众组织大众之武器。

六　促动并充实苏维埃政府新闻事业之发展。

七　团结全国的劳苦记者及报馆印刷者反对帝国主义者的、封建的、法西斯蒂化的一切拥护帝国主义资本家的及豪绅地主的反动新闻学及其黄色新闻纸。

八　争取绝对保障记者之生活与生命。

九　彻底反对恶劣待遇。

十　制定记者劳务法。

十一　制定记者健康保护法，务须达到绝对必须的生活标准，进而谋提高职务上至地位。

十二　提高各地报贩及报馆印刷工友之生活待遇与职业保障。

十三　以科学的唯物辩证法的立场，认识批判过去布尔乔亚的新闻学与新闻事业之社会基础与阶级的存在。

十四　建立探讨普罗利他列亚的新闻学与新闻事业之基础理论。

十五　彻底和反动阶级的新闻、杂志、通讯事业作坚决的斗争。

组 织 纲 领

一　盟员　由赞成及遵守本盟行动纲领的现任各地城市工场，农村，军营学校的新闻杂志，通讯记者，及曾任过记者职务而失业的记者或将来愿意执役于新闻界的在校学生组织之。

二　组织　联盟设下列集团：大会或代表会—执委会—专门委员会。联盟在各地新闻杂志通讯社内组织支部，或若干支部联合组织地方同盟。

三　会期　联盟大会或代表会半年一次，执委会一月一次，常会每周一次。

（载 1934 年 1 月 21 日《集纳批判》第 2 号）

三、中国左翼报人联盟纲领草案

总　纲

所有划时期的社会事业,没有一件不是表现着畸形的状态与陷落在矛盾的幼稚的泥沼里,也没有一件不是在一面受着沉重的压迫,而一面却又挣扎着向上苦斗;现阶段的中国新闻事业,正是遭遇着相同的命运,大都受政治环境的束缚,难于征服现实,此刻所能做到的,也无非是挣扎的将就,和苦斗的应付,新闻本身的向上途径,在现存制度下面,决不会有怎样伟大的前途!

所以我们估计现阶段的新闻事业,虽然在挣扎苦斗中,结果是否能达到大众所要求的意识形态的问题,都是不能根据目前一般的情形来判断,实际还是要基于整个的政治问题之总的解决。虽然我们只顾苦着腿跑,忠于自己的社会职责的行为,但环境时时刻刻在逼迫我们:天津大公报记者为了出于职责,而被日本帝国主义绑架,乃至于惨遭杀(戮);上海新生周刊因有抗日言论,而结果被停刊,主编者亦惨遭监禁;此外如徐州新晚报被封,余姚庆江日报,重庆枳江日报,郑州华北日报等之横遭暴力捣毁与压迫……这一切都表示了新闻事业,为了切合大众的要求,不受帝国主义的压迫,便遭封建势力的摧残,使在萌芽中的新闻事业,不能长足进展;而理想新闻事业商品资本主义大事业托辣斯化的申报老板也终于被阻击惨死;黄色新闻的时报,根本动摇;新闻报的销路大大减少,这些都正表演着言论被统治、封锁的惨剧,更证明了中国的新闻事业是不会走到完全资本主义化的前途。

然而我们不能否认历史的进展和社会发展的公律,新闻事业的遭受种种困难,不是新闻从业者自身所能单独地解决的,且由此可以认定:一切社会的矛盾现象,都是经过新闻纸这一机能,再现于社会大众之前,而由于社会矛盾所孕育的新闻的矛盾,也就因为新闻具有特别机能,所以有特别显明的集中表现,新闻事业在挣扎苦斗,一切社会事业同样地在挣扎苦斗。我们知道现存的政治环境,已成了人类进化的桎梏,那么我们不能不站在同一挣扎苦斗的新兴势力的战线上,攻破一切反动势力的束缚,而达到前进的目的,这是当然的结论。

因此我们基于新闻事业的进步要求,我们不能不反抗压迫我们的封建势力和摧残我们的帝国主义及其清道夫,同时我们不能不参加世界的解放运动,向国际反动势力作斗争,而从事于新兴新闻事业及其理论的产生与建设。

在理论方面,我们要在现实生活的过程中,观察目前的社会生活的诸般现象,审查出尖端社会的新闻性,决定其存在的根据,与社会需要的程度,并求得系统的学问与知识(这知识是每个新闻记者最低限度所必具的),根据现役报人的实际需要,争取职业的绝对的保障,作为解放斗争的武器,只有沿着历史的路线前进,才能够取得光荣的胜利。每个前进的新闻从业者必须担负使新闻事业展开无限量的前途的责任。

行 动 纲 领

一 否认修正出版法及各种机关的新闻检查邮电检查等一切束缚压制新闻文化发展的法令。

二 争取绝对言论自由,保障报人的生活与生命。

三 对于帝国主义——特别是日本帝国主义、法西斯蒂及官僚军阀的机关报的荒谬言论及其走狗记者的欺骗,必须予以无情的打击,并消灭其社会的存在。

四 争取新闻事业在一切交通机关的无条件的便利。

五 发展中国大众所要求的新闻事业,并介绍新形态的苏联的新闻事业。

六 提高记者报贩及报馆印刷工友之生活待遇。

七 制定记者勤务法,与报人健康保障法,及印刷工友之生命保障条例。

八 运用新闻大众化,发展全国的工场、农村、兵营、学校新闻,街头壁报等新闻运动。

九 彻底和反动势力的新闻、杂志、通讯事业作坚决的斗争。

组 织 纲 领

一　本联盟由赞成并实践本联盟总纲及行动纲领的全国各地的在业及失业记者,工场,农村,兵营,学校的新闻通讯员及发行,印刷者,与研究新闻者组织之。

二　联盟组织系统。大会或代表大会—执行委员会—常务委员会—专门委员会—小组。

三　常务委员会设秘书处,组织部,宣传部。

四　联盟在各地新闻、杂志、通讯社内组织支部,五个支部以上组织地方分盟。

五　联盟大会或代表大会半年一次,执行委员会一月一次,常务委员会两周一次,小组会议每周举行一次。

六　盟费:(1) 入盟基金大洋一元;
　　　　(2) 每月盟费大洋两角;
　　　　(3) 特别捐临时决定。

附　　则

一　本纲领如有未尽善处经三分之二以上盟员提议修改者,由大会修改之。

中国左翼报人联盟常务委员会

(载 1935 年 10 月 25 日《文报》第 11 期)

四、中国新闻学研究会成立宣言

志愿于新闻学之研究的同志们:

我们今天在"新闻学之研究"的目标下,举行最初的发起了;正值此全中国罹于天灾人祸的最大的劫难的时候。现在谨以致力于学术之研究的至诚,将"中国新闻学研究会"的发起之动机及有待于努力的任务,向志愿于新闻学之研究的、为识面的广大的同志们宣告：

"新闻学"这一名词，在中国学术领域里之被公认，还仅是十数年来的事，在这短促的十数年的过去历史中，它——新闻学——是和中国一切同时的新兴开始建立的其他学术一样，并没有任何具体的成效；甚且是更较其他的学术还要落后地逗留在幼稚状态的初期。虽然，在书坊的出版物里，我们是可以找到十种以上的新闻学的著作；但那些因为都是偏于概论的，所以它的功效也只能使人除了知道"新闻学"三字以外，就不能供给我们对新闻学的更详尽的、理论的与技术的诸般知能之获得。新闻教育方面，虽然我们也可以提出三数个设有新闻学专科的大学；但是那有些是完全忽略了中国的文化进程与中国的社会背景，而只是愚盲地追从黄金的美国，接受那无补于中国的实需的纯资本主义化的报业教育。有的则是奉崇"老吃报馆饭的"报屁股编辑、小说记者或礼拜六派大文豪等，以之为前辈先师。前者是为帝国主义者制造听命于他而来侵略中国文化、毒害中国社会的狗类；后者则是为他们那种人生殖自己的后辈，而承袭一切旧的残留的封建、宗法。这些，就是我们目前阶段新闻学的实际！

其次，我们再看现在中国的新闻事业：这是只有使我们痛恨愤怒的——中国的新闻事业，它根本没有新闻学的根据。几种所谓大报的经营，在次殖民地的半封建的经济情况下，在买办阶级及统治者的手里，做着被御用的代言者，并向广大的社会群众，尽其卑劣的欺骗作用。加之：技术的落后，机械设备之不全；理论的缺乏，工作人的腐朽昏庸；职业饭碗的把持，对新进拒绝摧残；于是就被产生了这不是属于大众的而大众在无报可看的时候不得不看的今日的报。最近，又因步随了社会经济的进展，使中国的新闻业更渐进于资本主义化，于是又有了所谓"托辣司"的组织；正向着更危机的前途。这就是我们目前阶段的新闻事业的外形与内质！

现代的新闻纸，是社会群众持以生存的精神的粮秣。新闻纸之优良的制作，则基于新闻学的教养与创进。这教养和创进，是在文化之大体上，汇科学与艺术而合流的。从役于此业，必首先从役此学而研究；这绝不是搬弄笔墨的骚人文士的附业，也绝不是利以进身政治的阶梯；或从政治落伍后的归途。我们把握着此点，信仰这原则；对过去新闻学是不满足，对现在的新闻业是不信任；在没有专门的集体的组织而发起本会，这就是我们诚恳的最初的动机。

新闻之发生，是依据于社会生活的需要；社会生活的整体，是基于被压迫的广大的万万千千的社会群众。所以我们除了致力新闻学之科学的技术的研究外，我们更将以全力致力于以社会主义为根据的科学的新闻学之理论的阐扬。"新闻价值"原是以最大多数读者之喜爱与否而确定；新闻之工作者：自研究而从业，亦必须以最大多数人之利弊为依归。我们认识这新闻学之研究的意义，我们要以对新闻之志愿与坚决的信心，投于这一巨艰的伟大前程。统一起中心的目标与意志，循着大的社会进化之征轮的踪迹，建立新闻学的基础，推进新闻学运动的开展，这就是我们今后的任务。

依于上述的缘由，我们的视线绝不仅集中在都市的全国政治新闻；更须注目到的是地方新闻、农村新闻、学校新闻、工场新闻……等凡属于社会群众所聚的地域，我们要在这旷野去作无尽的开拓。……

志愿于新闻学的朋友们！我们怀着热切的心在期待友伴，集合起来！等着你们的握手。

一九三一，一〇，暴日占领东三省后一月另三天

（载 1931 年 10 月 26 日《文艺新闻》第 33 号）

主要参考文献

一、著　作　类

（含博士论文）

恽逸群：《新闻学讲话》，华中新华书店 1948 年版。

张静庐：《中国出版史料补编》，中华书局 1957 年版。

李大钊：《李大钊选集》，人民出版社 1959 年版。

中国社会科学院新闻研究所：《中国共产党新闻工作文件汇编》上册，新华出版社 1980 年版。

上海鲁迅纪念馆：《纪念与研究》第 2 辑，上海鲁迅纪念馆 1980 年版。

方汉奇：《中国近代报刊史》上册，山西人民出版社 1981 年版。

杨之华：《忆秋白》，人民文学出版社 1981 年版。

中国社科院近代史研究所翻译室:《共产国际有关中国革命文献资料》第 2 辑,中国社会科学出版社 1982 年版。

徐懋庸:《徐懋庸回忆录》,人民文学出版社 1982 年版。

吕万和:《简明日本近代史》,天津人民出版社 1984 年版。

黄远庸:《远生遗著》(上册·卷一),商务印书馆 1984 年版。

茅盾:《我走过的道路》中册,人民文学出版社 1984 年版。

梁家禄:《中国新闻事业史》(古代至 1949 年),广西人民出版社 1984 年版。

陶菊隐:《记者生活三十年》,中华书局 1984 年版。

恽代英:《恽代英文集》下册,人民出版社 1984 年版。

中央统战部、中央档案馆:《中共中央抗日民族统一战线文件选编》中册,档案出版社 1985 年版。

荣孟源主编:《中国国民党历次代表大会及中央全会资料》上、下册,光明日报出版社 1985 年版。

井上清:《日本军国主义》第 3 册,商务印书馆 1985 年版。

夏衍:《懒寻旧梦录》,三联书店 1985 年版。

中国第二历史档案馆:《西安事变档案史料选编》,档案出版社 1986 年版。

上海社会科学院历史研究所:《"九一八"—"一·二八"上海军民抗日运动史料》,上海社会科学出版社 1986 年版。

恽逸群:《恽逸群文集》,江苏人民出版社 1986 年版。

饶良伦:《土地革命战争时期的左翼文化运动》,黑龙江人民出版社 1986 年版。

徐载平、徐瑞芳:《清末四十年申报史料》,新华出版社 1988 年版。

李勇、张仲田:《抗日民族统一战线大事记》,中国经济出版社 1988 年版。

微拉·施瓦支:《中国的启蒙运动——知识分子与五四遗产》,山西人民出版社 1989 年版。

毛泽东:《毛泽东选集》第 1—4 卷,人民出版社 1991 年版。

史和等:《中国近代报刊名录》,福建人民出版社 1991 年版。

中共上海市委组织部、中共上海市委党史资料征集委员会、中共上海市委党史研究室、上海市档案馆:《中国共产党上海市组织史资料:1920.8—1987.10》,上海人民出版社 1991 年版。

周谷城:《民国丛书第三编:综合新闻学》,上海书店出版社 1991年版。

秦绍德:《上海近代报刊史论》,复旦大学出版社 1993 年版。

黄秀荣:《抗日战争时期国共关系纪事》,中共党史出版社 1995 年版。

李义彬:《从内战到抗战:1935—1937》,上海人民出版社 1995 年版。

方汉奇:《中国新闻事业通史》第 2 卷,中国人民大学出版社 1996年版。

欧阳哲生:《胡适文集》第 12 卷,北京大学出版社 1998 年版。

熊月之:《上海通史》第 10 卷,上海人民出版社 1999 年版。

郑伯克:《白区工作的回顾与探讨——郑伯克回忆录》,中共党史出版社 1999 年版。

陈昌凤:《蜂飞蝶舞——旧中国著名报纸副刊》,福建人民出版社1999 年版。

中共中央组织部、中共中央党史研究室、中央档案馆:《中国共产党组织史资料:第 2 卷:土地革命战争时期:1927.7—1937.7》上、中、下册,中共党史出版社 2000 年版。

童兵、林涵:《20 世纪中国新闻学与传播学》理论新闻学卷,复旦大学出版社 2001 年版。

丁淦林:《中国新闻事业史》,高等教育出版社 2002 年版。

方汉奇:《中国新闻传播史》,中国人民大学出版社 2002 年版。

孔海珠:《左翼·上海(1934—1936)》,上海文艺出版社 2002 年版。

刘海波:《二十世纪中国左翼文论研究》,复旦大学 2003 届博士学位论文。

郑保卫:《中国共产党新闻思想史》,福建人民出版社 2004 年版。

丁淦林:《丁淦林文集》,复旦大学出版社 2005 年版。

顾雪雍:《恽逸群》,人民日报出版社 2005 年版。

张大伟:《"左联"文学的组织与传播(1930—1936)》,复旦大学 2005 届博士学位论文。

丁淦林、商娜红:《聚焦与扫描:20 世纪中国新闻学与传播学研究》,新华出版社 2005 年版。

刘峰:《革命一生——刘峰回忆录》,南京出版社 2005 年版。

中共中央党史研究室第一研究部:《中国共产党第七次全国代表大会代表名录》下册,上海人民出版社 2005 年版。

毛剑:《"左联"时期马克思主义文艺理论的引进与发展研究》,山东大学 2006 届博士学位论文。

李瑞良:《中国出版编年史》,福建人民出版社 2006 年版。

郭武群:《打开历史的尘封——民国报纸文艺副刊研究》,百花文艺出版社 2007 年版。

许正林:《中国新闻史》,上海交通大学出版社 2008 年版。

李彬:《中国新闻社会史》,清华大学出版社 2008 年版。

钱承军:《建国前中国共产党报刊研究》,中国文联出版社 2009 年版。

中国社会科学院文学研究所左联回忆录编辑组:《左联回忆录》,知识产权出版社 2010 年版。

李勇军:《图说民国期刊》,上海远东出版社 2010 年版。

徐信华:《中国共产党早期报刊研究》,武汉大学 2010 届博士学位论文。

牟泽雄:《(1927—1937)国民党的文艺统制》,华东师范大学 2010 届博士学位论文。

张莉:《南京国民政府新闻出版立法研究》,华东政法大学 2011 届博士学位论文。

林语堂:《中国新闻舆论史》,暨南大学出版社 2011 年版。

陈龙:《书生报国:民国那些大记者》,湖北人民出版社 2011 年版。

方汉奇:《民国时期新闻史料汇编》第 4—9 册,国家图书馆出版社 2011 年版。

王绿萍:《四川报刊五十年集成:1897—1949》,四川大学出版社 2011 年版。

中共中央文献研究室、中央档案馆:《建党以来重要文献选编(1921—1949)》第 7—14 册,中央文献出版社 2011 年版。

刘家林:《中国新闻史》,武汉大学出版社 2012 年版。

范长江:《卢沟桥到漳河》,群言出版社 2012 年版。

江涌:《中共风云人物录》下册,中共文史出版社 2012 年版。

马克思、恩格斯:《马克思恩格斯选集》第 1—4 卷,人民出版社 2012 年版。

列宁:《列宁选集》第 1—4 卷,人民出版社 2012 年版。

张立勤:《1927—1937 年民营报业经营研究》,复旦大学 2012 届博士学位论文。

李文健:《记忆与想象:近代媒体的都市叙事》,南开大学 2012 届博士学位论文。

刘永生:《南京国民政府前期新闻舆论管控机制研究》,中国言实出版社 2013 年版。

傅德华等:《史量才与〈申报〉的发展》,复旦大学出版社 2013 年版。

杨卫民:《摩登上海的红色革命传播》,上海大学 2013 届博士学位论文。

马光仁:《上海新闻史(1850—1949)》,复旦大学出版社 2014 年版。

胡乔木传编写组:《胡乔木传》上册,当代中国出版社 2014 年版。

曹子西:《北京历史人物传》下册,北京燕山出版社 2014 年版。

张欢:《中国左翼文化政治及其内在建构》,九州出版社 2014 年版。

熊经浴、李海文:《林育英》,中国工人出版社 2014 年版。

吴海勇:《"电影小组"与左翼电影运动》,上海人民出版社 2014 年版。

王锡荣：《"左联"与左翼文学运动》，上海人民出版社 2016 年版。

孔海珠：《"文总"与左翼文化运动》，上海人民出版社 2016 年版。

乔丽华：《"美联"与左翼美术运动》，上海人民出版社 2016 年版。

曹树钧：《"剧联"与左翼戏剧运动》，上海人民出版社 2016 年版。

中共上海市委党史研究室：《上海党史资料汇编：第 3 编（全民族抗日战争时期：上、中、下）》，上海书店出版社 2018 年版。

王美芝：《中国共产党早期新闻史研究》，人民日报出版社 2019 年版。

陈彩琴：《"音乐小组"与左翼音乐运动》，上海人民出版社 2021 年版。

吴海勇：《钟英：中共中央在上海（1921—1933）》，上海人民出版社 2021 年版。

中共上海市委党史研究室：《中国共产党上海历史第一卷（1921—1949）》上、下册，中共党史出版社 2022 年版。

二、期 刊 论 文 类

郑惠：《胡绳谈三十年代中期上海左翼文化工作的进步》，《中共党史研究》2000 年第 6 期。

朱晓进：《政治化思维与三十年代中国文学论争》，《中国社会科学》2002 年第 6 期。

林伟民：《中共加强对左翼文学运动的直接领导》，《新文学史料》2004 年第 1 期。

郑保卫：《中国共产党新闻思想形成和发展的背景与条件》，《当代传播》2005 年第 3 期。

陈红旗：《左翼文艺界对新文化运动的反思和批判》，《北方论丛》2005 年第 5 期。

葛飞：《都市漩涡中的多重文化身份与路向——20 世纪 30 年代郑伯奇在上海》，《中国现代文学研究丛刊》2006 年第 1 期。

程凯：《寻找"革命文学"、"左翼文学"的历史规定性》，《郑州大学学报》(哲学社会科学版)2006年第1期。

张宁:《"转"而未"变"——关于鲁迅"向左转"的深层分析》,《文史哲》2007年第2期。

曹清华:《何为左翼,如何传统——"左翼文学"的所指》,《学术月刊》2008年第1期。

王彬彬:《"新启蒙运动"与"左翼"思想在中国的传播》,《河北学刊》2009年第4期。

宋涵慧:《从香港到上海——中国近代报业中心转移的原因探析》,《新闻爱好者》2009年第15期。

张忠:《民国自由报人的社会角色探析》,《云南社会科学》2010年第2期。

齐辉:《民国报业展览会与中国现代新闻业的成长——以上海世界报纸展览会为中心讨论》,《国际新闻界》2010年第10期。

张景兰:《左翼文学的构成要素与历史困境》,《江苏社会科学》2010年第4期。

李洪华:《论上海都市文化语境中的左翼文化思潮及其影响》,《江西社会科学》2010年第9期。

陆一波:《党报政策宣达功能如何实现——以三份党报为例分析"主题报道"现状》,《新闻记者》2011年第11期。

谭力:《中国共产党对左翼文化运动的领导与推动》,《理论与改革》2011年第3期。

路鹏程:《民国记者的关系网与新闻采集网》,《国际新闻界》2012年第2期。

王晓乐:《民国时期经济新闻教育的理念与实践》,《中国出版》2012年第12期。

左玉河:《上海:五四新文化运动不容忽视的另一个中心》,《安徽大学学报》(哲学社会科学版)2013年第1期。

张欢:《革命年代的左翼共同体——"左联"的筹建与初期运行》,《马克思主义与现实》2013 年第 4 期。

关丽兰:《左翼文化运动与马克思主义在上海市民阶层的传播》,《人民论坛》2013 年第 18 期。

崔凤梅、毛自鹏:《论左翼文化运动对延安时期马克思主义中国化的贡献》,《学术探索》2014 年第 11 期。

卢毅:《20 世纪 30 年代左翼文化的宣传策略》,《理论学刊》2014 年第 8 期。

郭国昌:《从上海到延安:"文学旗手"建构的空间政治诗学——延安文艺体制中的高尔基形象塑造》,《兰州学刊》2015 年第 8 期。

刘永国:《抗战时期共产党的新闻实践及启示——以上海地区为例》,《新闻战线》2015 年第 19 期。

谢地坤:《永恒的"五四":启蒙与思想解放》,《中国社会科学》2015 年第 11 期。

陈彩琴:《从左翼文化运动看中国共产党对先进文化的引领与建设》,《毛泽东邓小平理论研究》2016 年第 7 期。

杨胜刚:《中国共产党以怎样一种领导方式推动了左联的成立》,《江汉论坛》2016 年第 3 期。

魏正山:《论左联政治文化生成的基础》,《江淮论坛》2016 年第 2 期。

田中初、余波:《职业团体与新闻记者职业化——以二十世纪三十年代为中心》,《新闻大学》2016 年第 3 期。

蒋含平、梁骏:《转身之间:职业期许与救亡图存——1930 年代的左翼记者群体考察》,《安徽大学学报》(哲学社会科学版)2017 年第 3 期。

王明亮:《国民党新闻检查制度确立过程之考察——以北伐前后(1926—1930)的穗沙沪汉为中心》,《新闻界》2017 年第 5 期。

张广海:《"文委"与"文总"组织系统考辨》,《现代中文学刊》2017 年第 5 期。

唐小兵:《民国时期中小知识青年的聚集与左翼化——以二十世纪二三十年代的上海为中心》,《中共党史研究》2017 年第 11 期。

黄静:《上海左翼文化运动与延安文艺政策的确立》,《河北学刊》2018年第4期。

吴海勇:《中共一大召开前社会主义思潮与激进政党创建的历史考察(1911—1921年)》,《上海党史与党建》2018年第10期。

杨格:《左翼文化运动和新闻工作的记忆》,《浦江纵横》2021年第4期。

王毅:《1920至1930年代中国新闻界危机与左翼记者的形塑》,《新闻与传播研究》2022年第12期。

三、报　刊　类

《申报》《新闻报》《大公报》《集纳批判》《新中华》《文化月刊》《斗争》《真话报》《时报》《大美晚报》《文艺新闻》《时报》《时代日报》《晨报》《热血日报》《时事新报》《钟声》《新生》《民生报》《大众报》《民国日报》。

图书在版编目(CIP)数据

"记联"与左翼新闻运动/宋斌著;中共上海市委
党史研究室编.—上海:上海人民出版社,2024
(上海左翼文化研究丛书)
ISBN 978 - 7 - 208 - 18468 - 8

Ⅰ.①记… Ⅱ.①宋… ②中… Ⅲ.①新闻事业史-
研究-中国-近代 Ⅳ.①G219.295

中国国家版本馆 CIP 数据核字(2023)第 153527 号

责任编辑 赵 伟
封面设计 范昊如 夏 雪等
特约编辑 丁 辰

上海左翼文化研究丛书

"记联"与左翼新闻运动
宋 斌 著
中共上海市委党史研究室 编

出 版 上海人民出版社
　　　　 (201101 上海市闵行区号景路 159 弄 C 座)
发 行 上海人民出版社发行中心
印 刷 上海商务联西印刷有限公司
开 本 720×1000 1/16
印 张 11.25
插 页 2
字 数 149,000
版 次 2024 年 6 月第 1 版
印 次 2024 年 6 月第 1 次印刷
ISBN 978 - 7 - 208 - 18468 - 8/G·2164
定 价 58.00 元